邂逅青春 智慧沟通

陈艳红 / 著

北京燕山出版社
BEIJING YANSHAN PRESS

图书在版编目（CIP）数据

邂逅青春　智慧沟通 / 陈艳红著. — 北京：北京燕山出版社，2021.3
ISBN 978-7-5402-5841-2

Ⅰ. ①邂… Ⅱ. ①陈… Ⅲ. ①青春期—心理健康—健康教育 Ⅳ. ①G444

中国版本图书馆CIP数据核字（2020）第221827号

邂逅青春　智慧沟通

著　　者	陈艳红
责任编辑	满　懿
出版发行	北京燕山出版社
地　　址	北京市丰台区东铁匠营苇子坑138号C座
电　　话	010-65240430
邮　　编	100079
印　　刷	北京政采印刷服务有限公司
经　　销	新华书店
开　　本	170mm×240mm　16开
字　　数	216千字
印　　张	12
版　　次	2021年3月第1版
印　　次	2021年3月第1次印刷
定　　价	45.00元

序言

教育是润物细无声的艺术；教育是一朵云推动另一朵云的过程；教育是一场温暖的修行。习近平总书记在全国教育大会的重要讲话中强调了立德树人是中国特色社会主义教育事业的根本任务；只有把握立德树人的本质内涵，才能真正回答培养什么人、怎样培养人、为谁培养人这一教育事业的根本问题。真正的教育是家庭、学校、社会共同建设的事业，而班主任则是德育教育的主要引领者、践行者、推动者。面对千差万别的学生，尤其是青春期懵懂的孩子，很多家长无所适从、身心疲惫，很多教师也感觉力不从心。

本书没有堆砌的辞藻、没有华丽的语言、没有高深的理论，只有朴朴实实的语言、真真实实的案例、实实在在的工作。作者陈艳红根据自己23年教育实践中处理的各类教育案例，结合自己在学习过程中吸收优秀前辈的经验总结，以及其所主持的市级课题成员们的案例分享，编写了本书。本书分为家长篇、教师篇及师生有效沟通中的个案分析三部分。家长篇包含青春期孩子的生理特征和教育对策、青春期孩子的情绪特征及教育对策、青春期孩子的思维特征及教育对策、青春期孩子沟通的基本原则，从多方面对家庭教育给予指导。教师篇要解决的核心问题是面对青春期学生，教师如何智慧沟通，为此作者从现状的调查情况、师生沟通状况的成因分析出发，找到师生智慧沟通的原则：尊重、相关、合理。师生有效沟通中的个案分析部分通过个案分析教师在实践中如何将三原则落地，从而改善目前师生沟通阻滞的状况，给予一线教师借鉴与指导。

目录

家长篇

教师篇

师生有效沟通中的个案分析

家长篇

青春期孩子的生理特征及教育对策

教育，不仅仅是讲授知识，更应该去培育爱、传播爱。它不仅仅发生在学校，更应该融入家庭。最好的老师，永远都是父母。在孩子成长的路上，父母有着不可替代的作用。教师教会孩子的常常是知识，而父母教会孩子的却是爱。知识没有办法让我们真正幸福，但爱可以。

所有的父母从孩子出生开始，就盼着孩子一天天长大。但是当孩子第一次开始和父母争吵时，父母心里却又怒又怕又喜，怒的是孩子开始不听话了，怕的是感觉孩子不受控了，喜的是孩子终于开始长大了。随着孩子越来越多地和父母争吵，越来越多地把自己关进房间；曾经在他小的时候，许多教育方法是有效的，当时你或许还为自己的教育方法点赞，但是现在孩子长大了，不再是原来的小屁孩了。玩半小时电脑，不下来就把网线拔掉，发现他竟然开始反抗，说你更年期了，说你落伍了，这真的还是你的孩子吗？原来好好的孩子怎么变成了这样，一定是班上王某把他带坏了。如果看到这里，你一定偷偷想笑，我想请你问问自己，随着孩子步入青春期，你认真观察过孩子的改变吗？你耐心倾听过孩子的声音吗？为培养渐渐长大的孩子，你看过多少书？你请教过多少人？你有多少时间一心一意地陪伴着孩子呢？孩子心里的话，你真的懂吗？

一、养育青春期孩子的压力

1. 来自父母自身工作、生活的压力

我们这一代父母，大多是70后。70后，上有老，下有小，随着国家的二胎政策，可能还有嗷嗷待哺的孩子。在单位里，我们是干将、是精英，都是响当当的“白骨精”，有着太多的工作压力与责任，常常心力交瘁；可是回到家，除了繁杂的家务琐事之外，你还要面对一个你说东他偏要往西的孩子，更是让你身心俱疲。我们接触青春期的孩子有二十多年了，见过太多的父母：在外面可以指点江山、呼风唤雨，事业风生水起，工作得心应手，可以搞定整个世界，回到家，唯独搞不定一个十几岁的孩子；在外面，别人对你毕恭毕敬，回到家，你需要对子女时刻保持谦逊、低调甚至低声下气。这样生活、工作的双重压力，这样的里里外外的巨大反差，让我们感觉“压力山大”。但当你身体抱恙时，孩子给你端来一杯水、喂你吃一次药、煎一个鸡蛋、煮一碗面，都足以让你热泪盈眶，立即发个朋友圈，晒一下你的天伦之乐。这就是为人父母，痛并快乐着。

2. 青春期孩子的各种表现出乎意料，让父母手足无措

那么你认为你的孩子已经进入青春期了吗？为什么？（学习、生活、与父母相处、与同学相处、爱好等，任选一例说明）

有的家长会发现小时候不带孩子出门，他们哭着闹着，扯着你衣角，你走到哪儿他们跟到哪儿，生怕妈妈偷偷一个人溜出去了。那时候，孩子对妈妈是无比依赖的，要与妈妈形影不离，晚上睡觉，要搂着妈妈的脖子，一旦爸爸靠近妈妈多一点，就开始吃爸爸的醋，常常弄得爸爸哭笑不得。于是在孩子小的时候，常常是三口之家一张床，宝宝睡中间，爸爸挨着床沿，脚放在了床边，一夜不敢翻身。可是孩子到了青春期，他们却开始远离父母，不再屁颠屁颠地跟在父母身后，不仅如此，你想开展家庭活动，重温家庭温馨，想带孩子出门吃个饭、聚个餐已经不太可能。就算能把孩子带出门，在餐桌上，你会发现，孩子很少说话、很少抬头与亲戚交流，他们更多的是在手机游戏或者聊天中度过；当他们实在无聊了，就会催着父母"什么时候走啊"。当你很难带孩子出门时，孩子已经是典型的青春期了。

有的家长会发现，孩子一回家就将自己关进房间；有的家长会发现，你还没有开口说话，孩子已经将你顶回去了；当你发现，孩子的QQ已经上了密码、微信已经将你屏蔽；当你发现，孩子刚刚在同龄人面前还谈笑风生，可一转脸就对你沉默是金；当你发现，孩子愿意将秘密告诉其他朋友、同学，只留给你一句"没什么"；当你发现你兴高采烈、满怀爱意地给住宿的孩子送去一盅你用一上午炖出来的汤，而孩子接到汤后，简单地说句"你回去吧"的时候；当你发现你与孩子有分歧时，孩子生气地摔门、反锁门时；当你发现孩子对周边的不良社会现象没有包容、疾恶如仇时；当你发现孩子对周围的人与事的看法非白即黑时……恭喜你，孩子有了这些表现，说明孩子已经开始长大，进入了青春期。

二、青春期孩子的生理表现特征及教育对策

1. 身体的变化

青少年时期分为三个阶段：青少年早期（11～14岁），这是一个迅速发育的时期；青少年中期（14～16岁）：大部分发育完成；青少年晚期（16～18岁），年轻人有了成人的体格，并渴望承担成人的角色。青少年早期发育过程，男女有别：女生发育比男生早，但14岁之后，男生的发育加速，并超过女生，这就是在生活中看到

的：小学和初一、初二阶段，女生看起来比男生成熟很多，但是从初二下学期开始，男女生的差异不大，但是部分男生明显就高过了女生，并开始显得老成，到了初三，女生基本定型，但是男生还在长；到了高中，在男生面前，女生开始变得小巧玲珑。

在青春期孩子的发育过程中，家长们还会发现一个现象：

（1）长腿、大脚和大手，身体比例不协调，小学时个子不高，就已经穿上35码、36码的鞋；到了初中，明明身高不高，男生却穿上了40码甚至更大的鞋了，穿在孩子脚上，显得脚重头轻，不太协调。这个时候，你会觉得孩子咋就长成这样啊，我们夫妻的基因都不错啊。年轻的爸爸妈妈们，其实啊，这是正常的生理现象，因为在发育中四肢先加速生长，然后才是躯干，这样才能支撑起身体。

（2）男生的脂肪比女生少，但肌肉比女生多。初中阶段丰满的女生比男生比例高，是因为青少年发育中，女生从8岁开始，胳膊、腿和躯干就开始增加脂肪，11～16岁增加更快，所以初中阶段的女生满脸都是胶原蛋白；我们今天在座的各位妈妈们，红光满面、满脸的胶原蛋白，别忘了，这滋养你的胶原蛋白是从大约8岁开始长起的；而相反，男生胳膊和腿上的脂肪开始减少，肌肉增长的速度却远超女生，所以从初中阶段开始，很多男生是细胳膊细腿，但男生的运动能力和力量占有优势，无论女生怎样长，在同一个班级，一般情况下，力气最大的女生也掰不过一个中等男生的手腕。

2. 教育对策

孩子的身体变化，给我们家庭养育对策提供了几个信号：

（1）女生要控制脂肪的增长；家长要引导女生管理自己的体型。

爱美之心人皆有之。小时候，拿妈妈的口红偷偷地往嘴上抹；穿着妈妈的高跟鞋咯吱咯吱笑；穿着公主裙在镜子前左摆摆右晃晃。而对于妙龄少女们来说，好的体型，能够让她们更自信、更阳光、更快乐，甚至能获得更多的认同感。

（2）男生的运动能力强于女生，这个阶段是发展男生运动项目最好的时候，比如篮球。一个男生，如果成绩不好，他不一定自卑，但如果掰手腕掰不过别人，他倒是有可能自卑。一个爱运动的男生，往往阳光开朗，他除了调皮一点，没有其他需要家长太多焦虑和操心的了。家长们知道这是什么原因吗？我拿篮球比赛一事来说。如果你有机会来观看学校的篮球比赛，不管是什么级别的，你会发现，篮球场上的男生，他们挥汗如雨的样子真的很帅、很阳光、很有魅力。你再看看篮球场边上坐着的，都是一群“迷妹”啊！“加油”“班长，你好厉害”“张三，进攻”“王五，加油”“赵六，太棒了”“李四，这个球，帅”，女生们的呐喊声、尖叫声就是男生最大的动力，就是男生力量的源泉，就是男生自信的根本。你还会发现，一旦一个男生入选第一梯队进入比赛的首发阵容，哪怕他受伤了，也不会轻易走下运动场。这不仅是他集体观念强、集体荣誉感强的表现，更是因为离开了女生的呐喊加油，他觉得自己什么都不是了。所以，年轻的爸爸妈妈们，培养孩子学会打篮球、踢足球、跑步、跳高、跳远、掷标枪、投铅球等，无论哪项运动，都能让你的儿子找到自信。同时，运动，能缓解他的焦虑情绪，能释放他的负能量；一个男生受了委屈，打一场球可能就没事了。这也是青春期男生的心理问题比较少，而女生的心理问题比较突出的主要原因。

（3）男生是长肌肉的阶段，不是长脂肪的阶段，如果家长这个阶段将孩子养胖了，那是对孩子不负责任的表现。

2019年的国家体育测试，我们有二十多个学生拿不到这1分，虽然我们给了三次机会，但是仍然拿不到这1分，我们分析，这二十多个学生都是偏胖。所以，年轻的爸爸妈妈们，当你看到儿子个子小的时候，不要今天海马、明天虫草地炖着给他喝。他除了激素急剧增加、身体长胖之外，没有其他好处。在我们今天物质丰富的时代，没有哪家孩子是营养缺乏的，他们只有营养过剩。当营养过剩时，多余的热量就转变成了脂肪。所以有儿子的爸爸妈妈，要特别记着：培养孩子有一项体育特长。男生在青春期是长肌肉，而不是长脂肪。长胖这件事，家长要负责任。

三、孩子发育早或者发育晚，不见得是件好事

理论上说，无论发育早还是发育晚，对孩子自身的身高没有太大的影响，但从他的情感来说，却有一定的危害。因为青少年身体发育呈现与同伴匹配的特点。发育过早叫早熟、发育过晚叫晚熟，发育线上的两端，和同学们在一起，会觉得不入流。只有当青少年的身体与同伴发育差不多时，才觉得最舒服。尤其对于发育过早的青少年，有什么危害呢？

一个孩子发育过晚，无论男生还是女生，都很难被群体所认同，举个真实的案例。现在的父母，大都有许多通天的本领，能呼风唤雨、左右乾坤，能干成许多大事，他们资源丰富、人脉广。有钱有才有文化的“三有”家长，为了不让孩子输在起跑线上，更准确地说，是为了让孩子能在起跑线上领跑，于是托关系花钱，让孩子提早一年上学。有一个女生5岁上一年级，到了初中二年级才来月经，而她的同龄人在六年级或者初一已经来了。课间女生们就喜欢聊女生的话题，你什么时候来“大姨妈”呀，你来“大姨妈”肚子痛吗，你来“大姨妈”之前情绪怎样，等等。当女生们在聊这些话题的时候，这位女生一脸蒙，都不知道“大姨妈”是什么。每次她都感觉自己格格不入，其他女生都没有把她纳入群体中，“去去去，你还是个小屁孩，不懂大人的事”。这位女生很难找到朋友，

感觉特别孤独。

一个男生，因为妈妈是小学校长，有着绝对的资源优势，同样让其提早一年上小学。男生本身比女生的发育要迟很多，无论身体还是思维。所以他一上学，就明显与众不同，上课很难集中精力，随着学龄的增长，思维也越来越跟不上学习的难度。年轻的父母们，你们设身处地地想一想，一个10岁的学生，你让他掌握一个12岁学生该掌握的勾股定理，他能跟得上吗？就算他能跟上，他能超越12岁孩子的思维吗？学龄越增长，学习越困难，他在班级乃至年级，都是垫底的，孩子的自信从何而来？

一个被边缘化的孩子，怎能在班集体、在同龄群体中找到自信？所以，每个孩子的成长是一定不能拔苗助长的。通过以上两个案例分析，我建议年轻的父母们，如果你们有二胎，请不要拔苗助长，不要让孩子提早上学。成人差5岁、10岁，有时候都看不出差别，但是孩子差1岁，差距却很明显。

早熟的青少年，都很难找到跟自己差不多的同伴，所以他们就去找年龄较大的同伴，这可能造成不利的后果。年龄较大的同伴往往鼓励他们参加一些缺乏思想准备的活动，如敲诈勒索、吸烟、饮酒、化妆、成人装扮、性行为等。一项研究表明，早熟的女生适应能力比早熟的男生弱，因此早熟的女生出现问题的概率比男生高，一项教育观察研究还表明，早熟的女生与家人的关系比普通女生要差，总体学业水平有所延迟，许多早熟的女生是带着情绪与社会性问题进入青少年的。当青春期的压力干扰了学习，并导致不良的同伴压力后，适应性差的状况就会一发不可收。所以家有女儿的爸爸妈妈们，你们要学会观察，如果女儿开始有化妆、涂指甲、烫头发、打耳洞等这些行为的时候，你们要注意，你们的女儿可能已经有了社会化的行为，有了超乎这个年龄段该有的行为，也许她受到了高年级同学的影响，甚至她可能与社会上一些不良女生有了交往。这时候的家长，你要及时与学校教师取得联系，及时与孩子的同学进行交流，了解孩子的行踪，以便及早地对孩子进行干涉与教育，让她悬崖勒马、迷途知返。

而对于早熟的男生来说，同样存在令人棘手的问题。早熟的男生，可能会出现向低龄段的学生进行敲诈勒索，与社会不良青年交往甚密；在学校遇到了不愉快的事情，他们可能会将矛盾升级，找社会人士来校约架、通过暴力方式来解决，并会叫嚣着“你等着，有人会来收拾你”。早熟的男生，还可能会出现抽烟、喝酒的现象，他们会认为自己的这些行为是与社会人士拉近距离、取得他们信任的重要方式，因为只有抽烟、喝酒、赌博等行为都有了，他才与社会人士是同类的，这样他们不自觉地就会将自己的种种行为与社会人士拉近。一旦有了这些交流，他们的行为就很难再用学校规章制度来约束。所以早熟的男生，存在许多或隐性或显性的社会问题。

无论男生还是女生，早熟都不见得是一件好事。对于早熟的孩子，家长要给予他们更多的关怀与理解，并及早地干预。

青春期孩子的情绪特征及教育对策

青春期的学生，在生理成熟过程中，随着突然激烈的荷尔蒙变化，尤其是生殖系统快速发育和日渐成熟，造成身体发育和心理发育不平衡，心理发育相对滞后，孩子的性格、脾气会有暴躁、易怒的表现，会造成情绪的突然波动。科学家将青少年描写成这样一个阶段：它是如此动荡和骚乱，和人类从野蛮向文明进化的时代相似。

无论在网上还是在我们平常人的思维中，对青春期都喜欢用一个词“叛逆”。我个人并不认同。在我的认知中，叛逆是个贬义词。我们不能说，孩子不听父母的话，就是“叛逆”，学生不听老师的话，就是“叛逆”，孩子做一些我们意料之外的并不美好的事情，就是“叛逆”。如果将青春期孩子成长过程中出现的不符合常规的行为定义为“叛逆”的话，我认为这是对成长的否定与批判。生老病死，这是人生的规律；从懵懂到豁达，是一个过程。而青春期孩子就是一个从懵懂到豁达、从无知到有知的成长过程。在这个成长过程中，青春期孩子的种种表现是成长中必须要有的、必不可少的一个自我发现、自我完善的过程，是青春期孩子区别于自己与他人的一个过程。这个过程，他与众不同，或者说他与成人有差异。所以我个人认为，用“个性化”更妥帖、更合适。

一、爱争吵，是青春期学生的突出情绪表现

1. 青春期爱争吵的原因分析

美国心理学家伯克在《伯克毕生发展心理学》一书中说道："在青少年期，神经元对刺激性的神经递质的反应更快，结果是，青少年对压力事件的反应更激烈，同时对愉悦的刺激体验也更强烈。"这就解释了青少年易暴躁、情绪不稳定、注意力不够集中的原因；同时一旦喜欢上一位异性便难以自拔。而且《伯克毕生发展心理学》对此描述道："青少年情绪波动与情境的改变密切相关，他们一天中情绪的最高点是与同伴待在一起，或做着自己喜欢的事情。情绪的低落点往往发生在由成人主导的环境里，如家庭。"由此推论，我们就理解了这个现象，即青少年和同伴在一起总是很开心，一回到家就情绪低落，什么都提不起他们的兴致。此外，青少年的高涨点发生在周五和周六的夜晚，尤其在中学阶段，与同伴或异性朋友一同外出的行为迅猛增加；相反，在家里过周末夜晚的青少年会深感孤独，容易沉迷于游戏。

为什么看上去是大人样子的青少年这么爱争吵呢？美国学者尼尔森所著的《正面管教》一书中对此做出了解释：大多数研究者相信，在青春期，大脑会经历"第二波"发育，同时，他们的身体向成人的发育开始了，这种荷尔蒙和新的大脑发育结合的力量势不可当，但是负责对冲动控制、情绪管理和调节、问题解决的前额皮质仍然尚未成熟，所以十几岁的孩子主要通过大脑边缘系统（所谓的原脑）处理情感并做出决定，也就是说，他们是用"直觉"对其他人做出反应、识别自己的感受、做出决定。这就是十几岁的孩子比较冲动、易激动、易冒险的部分原因。但是工业化国家的青少年无法离开家庭，因为他们经济上仍然依赖父母，于是形成了青少年的

矛盾体：一方面从心理上想离开家庭，另一方面自己没有独立生活的能力，经济上不得不依赖父母，于是与父母就产生了现代的隔离物：心理距离。当青少年在生理上成熟后，他们希望别人以成人的方式对待他们，加上青少年新形成的推理能力也会促成家庭关系紧张。而父母与子女间的不一致主要集中在一些日常生活事件中，如交友、与异性朋友的交往、回家的时间等。在这些争吵的背后，隐忧是，父母极力地想保护子女，而子女却更愿意自己承担责任，父母对子女的约束越多，冲突就越激烈。当然，这种争吵还是比较温和的，因为父母与子女之间有爱、有温暖，所以子女和父母都不会把争吵放在心上。终其一生，这种爱与温暖才是延续家庭关系的纽带。

人长大是一个命题，但长大却是一个艰难的过程。父母一直是孩子长大的阻力，尤其是独生子女的家庭，只是父母自己都不觉得。很多独生子女的感受却是，父母不允许他长大。长大的最高标志就是选择。理论上，0～6岁的孩子，一切由父母决定；6～12岁的孩子，父母子女共同商量决定；12岁以后，大多时候由孩子自己决定。在中国的情况却是，可怜天下父母心啊，孩子无论长多大，都是父母的孩子，父母一生都在控制着孩子的成长，所以在中国，“妈宝”越来越多，“巨婴”问题越来越严重。这不能怪孩子。这个问题，主要是父母成了孩子成长中最大的障碍，父母以爱的名义阻碍着孩子的成长。

长大是必须的。在这个过程中，必然要出现与父母分离、自己独立的过程，而这个过程的发生，就是子女不断挣脱父母束缚的过程，是子女不断自我跌到、自我成长的过程。在这个过程中，父母又扮演着怎样的角色？他们总是担心孩子受苦受累，总是以自己几十年积累的社会和生活经验告诉并控制孩子。于是麻烦来了，当一个人感觉不到环境是允许他长大的，他能做什么？抗争！怎么抗争？最典型的教育现场是，家长说东，孩子一定说西，虽然他明明知道西是不合理的，家长极力让他往东的话，唯一的结果就是争吵。很多家庭，吵架的结果是父母吵不过孩子。而有的孩子，不和你直接对抗，你说什么他都是“好”“知道啦”，结果却是坐在那里继续玩手机，继续我行我素。

很多家长担心，孩子的青春期什么时候是个头啊？《伯克毕生发展心理学》一书中回答了这个问题：在这个发展的动荡期，性冲动再度苏醒，引发了心理冲突和行为巨变。当青少年找到亲密伙伴后，内部力量就会获得一种新的、成熟的协调性，这个阶段包括结婚、生育和抚养子女，年轻人就完成了他们生物学的使命：生育和物种的存续。到这个阶段，亲子关系就会回归本源。所以家长们要有思想准备：初中、高中，是争吵的高峰期，尤其是初中。

对父母的反抗，这是一种最简单、最自然、最常见的表现自我的方式。如果十几岁的孩子没有个性化，这个阶段的他，会不惜一切代价寻求别人的赞同，或者不认同自己；那么当他30多岁甚至40多岁，突然成长起来的时候，他会选择个性化，到那个时候，就是对一个家庭毁灭性的打击，所以，我们要支持十几岁孩子的个性化发展。

2. 国外针对青春期情绪特征的教育对策

伯克团队对北美1万多名学生进行了调查，绘制了青少年情绪心理曲线，我们可以看到，一周中，青少年情绪最高的时候是周五的晚上和周六，到了周日开始下降，最低点在每周二、周三。这个曲线说明，周五、周六，学生自主安排时间多，与同伴一起玩耍的机会更多了，通常这个时间段他们情绪最高涨。而到了周日晚上，他们开始焦虑自己的学业，他们要回到学校、家长共同控制的生活里，尤其周二、周三，处在每周中间，他们的兴奋感已经消退，情绪最为低落。

这个心理曲线告诉家长们，和孩子进行沟通要选择恰当的时间。一般来说，重要的事情放在周末说，那时候孩子情绪高，你说什么，他接受的可能性更高；如果放在周二、周三说，导致不欢而散的可能性很大。

二、与同龄人的关系优于家庭关系，是青春期学生情绪特征的重要表现

（一）与同龄人的关系优于家庭关系的表现分析

1. 青春期的孩子特别关注同龄人的评价与看法

他们与同龄人之间有共同语言，大家可以相互鼓励、理解和体谅，更能在交友过程中探索自我、认识自我和释放自我，有利于孩子缓解非常时期的不良情绪。

一个男孩子，学习很好，但是掰手腕掰不过别的男孩，他可能心情不好，觉得女孩子看不起他。相反，一个成绩不是很好，但是在运动场尤其是篮球场、足球场上的阳光男孩，他一定很自信，运动场上的男生，收获的是“迷妹”的尖叫声和欢呼声。因此对于爱运动的男生，家长不用太担心孩子的人际关系问题，所以家长要鼓励男生参加一项或者多项竞技运动，他们会以此认定“胜利者”还是“失败者”。而相反，对于在同伴中得不到认同的孩子，他的性格会比较孤僻、古怪、不合群，他很痛苦、很困扰，于是会更加叛逆。所以对于这样的孩子，家长要引起重视，引导孩子正确处理人际关系，有必要的时候，家长要帮着孩子笼络人心，请同伴一起出去郊游、一起看电影，给你的孩子创造良好的同伴关系。如果家长不引导也不愿意付出，一味地寄希望于别人的善良与包容，这是很难做到的，这样只会让同伴越来越瞧不起你的孩子。

2. 极其需要隐私，尤其对父母保持隐私

青春期的孩子有个最大的特点就是，他有了秘密不想自己的隐私让别人知道，尤其是父母。虽然那个秘密不是很大，也许只是一件很小的事情，也许只是一件很小的物品，也许只是一个无关痛痒的人……你可能会奇怪，为什么孩子可以将自己的事情告诉全世界，却唯独不愿意告诉最亲近的父母，那是因为十几岁的孩子发育速度很快，且不受他们控制，他们被家人盯着会感到很尴尬；为了避免麻烦或者不让你失望，他们会想着各种办法不告诉你。比如，朋友圈屏蔽父母，QQ空间设置密码，不让父母看他聊天，进入成人区看成人电影，甚至普通的聊天，见父母来了也马上关闭，喜欢待在自己的房间。这个阶段，父母成了孩子最尴尬的人！有一些敏感的父母不能理解，就怀疑孩子心里有鬼、一定在干什么坏事，一股不信任的情绪涌上来了。这样亲子之间的争吵便是不可避免的。

其实青少年的世界是简单的也是善良的，他对你保持隐私，更多的时候是为了保护父母，因为价值观不同，怕你们担心、难过、胡思乱想，当然也是为了保护自己，免受唠叨、说教。所以他们通常会选择撒谎的方式，公然撒谎，是青少年的共同特点。

我们很多家长对于孩子撒谎这件事很难接受。其实，公然撒谎，不是青少年才有，我们成年人的世界更是如此。我们在座的哪一位，没有对你的另一半撒过谎？你敢说你在你另一半面前是完全透明的吗？我认为，谎言很多时候是善意的。大家试想，如果你今天出去应酬会受到妻子责备、不满和阻碍，还有多少人愿意说真话？如果你告诉妻子真话就意味着不能出去应酬，又有多少人愿意说真话？所以，公然撒谎是成人世界的共同点。那么青少年长大的一个表现也就是学会了撒谎。

《正面管教》一书中提到，当你的孩子开始对你保守秘密时，

你就该知道他开始进入个性化时期。是的，当他开始挑战自己家庭的价值观时，你就该知道他开始了自己的成长；当他开始做着与父母愿望相反的事情的时候，你就该知道他要开始自立了，这些就是我们通常说的“叛逆”。人的一生总是要成长、要独立，人总是有一个个性化的时期，这个个性化的时期，或早或迟，不会因为你愿意或不愿意而改变。大部分人的个性化时期在十多岁，持续时间为1~5年，在这个时期父母成了孩子身边尴尬的人。

很多父母奇怪，幼儿园阶段，孩子希望父母第一个来接他；小学阶段，学校的一切活动，孩子希望父母每次都要参加，但是到了初中，他们拒绝家长来学校，对于住校生，家长拎着汤满心欢喜地来看望孩子，他们却总是催促你离开。曾经相亲相爱的亲子关系，突然成了他们的禁忌，甚至他们还会经常贬低父母，于是这个阶段的孩子，爱上了争吵。

3. 青少年认为自己无所不能、无所不知，敢于对父母提出批判，对长辈提出质疑。我们的教学相长，主要就是充分发挥这个优势

孩子处在青春期前后的时候，他们的独立意识逐渐增强，尝试着发表他们经过观察和分析得出的见解。如果这个时候可以遇到懂他们、欣赏他们的教师和家长，愿意倾听他们开始变得深刻的想法，他们就会比较平和地表达，并且颇有成就感，他们的意识就会渐渐走向成熟，并且把他们得到的尊重还给长辈；如果他们的声音没有被听到，而是贸然地被否定、被斥责，他们就会用个性还击教师和家人。

（二）与同龄人的关系优于家庭关系的教育对策

在教育工作中发现，青春期学生的许多情绪困惑来自人际关系，包括亲子关系、师生关系、同龄关系，尤其突出的是同龄关系。同龄关系中包括异性关系和同性关系，他们常常因为不知道该如何处理同学关系而苦恼、困惑，严重的甚至会导致抑郁。所以，如何正确地处理好同龄关系，是青春期孩子的必修课程，也是青春期孩子的父母的重要课题。

1. 同性朋友

比如，儿子交了一个很要好的朋友，你问："你这个朋友成绩怎么样？""我们班倒数第二。""儿子，不要和他玩。"这样处理是不对的，这是家长的愚笨做法，因为你将成人的功利思想传递给了儿子。一个在学校里只看成绩的孩子，长大后进入社会，他只会关注对他有利的人际交往，巴结上司、践踏同事，这是极其错误的。那么作为家长，我们应该怎样做呢？"你这个朋友成绩怎样？""班级倒数第二。""儿子，是不是朋友？是朋友就拉人家一把，你第五名，他倒数第二名，多帮帮他，都是前十名，不是很好吗？"孩子帮助朋友不等于自己也复习了一遍吗？小孩教小孩，效果最好。儿子在教朋友的过程中，自己从学到教，他对题目的理解上升了一个层次，甚至能总结出规律，这对朋友有好处，对他自己更是有帮助，是两全其美的事情！所以年轻的父母们，孩子交友的原则是什么？是人品与习惯。所谓的"近朱者赤，近墨者黑"就是这个道理，一个人品好的朋友，能传播正能量，热爱生活、体恤他人、保持善良，是一个人终身受益的品质。

2. 异性朋友

很多家长都担心早恋，我个人对"早恋"这个词不认同。时间多早算是早恋？这里有个认知，什么才是恋爱？我想一个基本的前提是有身体的亲密接触。青春期异性之间，更多的是喜欢，是欣赏，是接纳。这是人之常情。爱美之心，人皆有之，每个人的成长过程中，无论在哪个阶段都有自己喜欢或欣赏的异性。比如，我们在座的有家有室的爸爸妈妈们，你们同样有自己喜欢或欣赏的异性，他可能是你的下属，可能是你的上司，可能是你同办公室的同事，可能是你的同学。你只是因为他工作能力强而喜欢，你只是因为他为人幽默豁达而欣赏，你只是因为他有责任、有担当而崇拜，但你很清楚，这不是爱，不是恋；如果让他和你有亲密的身体接触，你会拒绝、会反感。我想，青春期孩子之间对于异性的喜欢，大多不过如此。所以请年轻的爸爸妈妈们放心，在初中这个年龄段，孩子只有互相欣赏和喜欢，当然，除了已经有性行为的个案外；我们更准确地表述是“交往过于密切”。那家长面对孩子的单纯异性交往过于密切怎么办呢？不同的孩子有不同的处理方法，如果是男孩子，我们可以这样和他沟通。

“儿子，学校有几个好哥们儿？”“四个。”“不错哦，我儿子魅力不小哦。”“有几个异性朋友？”“一个。”“一个啊，太少了，你是不是魅力不够啊？要多几个。”

这样说的好处是什么？孩子把交朋友当成应该的事，这也是人成长中必须要经历的事，这也是一项能力的提升。为什么要多交几个？家长们如果去研究心理学，你会发现：多几个异性朋友，就相当于都是“闺蜜”，而不是女朋友了。为什么这样说呢？因为女生的情感是专一的，绝对不允许他喜欢的男生有多个异性朋友，如果有的话，女生一定会自己退出。

对于女孩子情况就不一样了，女孩子一旦陷进去便很难自拔。家长要做两件事。

（1）你需要教会如何防止性骚扰。比如，告诉女儿，当她和一个异性同处一个房间时，无论他是谁，不能让他身体靠近你，你身体的一些部位（穿内衣和内裤）是别人不能碰的；如果有人碰，一定要推开并大声喊叫，如果把这个事情做好了，男女生交往就不会出事。

（2）无论男生女生，都要告诉孩子：如果发现你被一个男生吸引，你觉得自己更感恩老师了，更懂得孝顺父母了，更会处理与同学的关系了，你也觉得草更绿、天更蓝、水更清了，日子更幸福，家庭关系更融洽了，朋友更多了，日子更乐呵了，那就珍惜这份感情，因为他是你的男神、女神，是公主、真命天子。如果有了他，你觉得课也不想听了，作业也不想做了，同学也不想见了，父母变得更讨厌了，老师也变得更可恶了，整天只想和他待在一起，对其他人都没有耐心了，那他可能就是“女巫”或“瘟神”，一不小心就会让你坠入悬崖，那么请你离开他，保护好自己，迎接真正的男神或女神的到来。

三、青少年要发挥自主管理力量，是青春期学生情绪的着力点

十几岁的孩子有一种强烈的欲望，要搞清楚自己能做什么——他们需要试探自己的力量和在这个世界上的重要性，这意味着他们想要确定，在没有别人指导和命令的情况下，自己能够做什么。不知在座的父母们，有没有发现这样一个现象：某天你在小区电梯里遇到了邻居，邻居对你说：“你家孩子好懂礼貌啊，见人就热情地打招呼！”你听了这话，只是礼貌地说声“谢谢”，但心里却在嘀咕：“他说的是我家儿子吗？上次叔叔来家里，让他叫人他都很不情愿；上上次和一些阿姨一起聚会，他只知道玩手机，都不会叫阿姨，我还觉得很丢脸呢。”

其实啊，年轻的爸爸妈妈们，孩子不叫叔叔阿姨，不是他不礼貌，而是因为你让他叫的。青春期的孩子是个特别有意思的群体，他们专门与父母对着干，你叫我往东，我偏要往西；你叫我做什么，我偏不做什么。但是细心的家长们也会发现另一个现象，虽然

你的孩子在你说东他却说西的时候，在外面的公开场合，他们会按照从你这里学到的去做。

你会发现，当孩子在没有父母参与之下进行的游学或者其他所有活动，你的孩子是懂礼貌的，是能够独立处理问题的。这就告诉我们家长们，在适当的时候，放开手，出门旅游让孩子做攻略，你当个助手。

与青春期相处的奥秘还有很多，个体有差异，教养方式也不是千篇一律的。《正面管教》一书中提到这样一个观点：十几岁孩子的现在的表现并不意味着永远如此。家长们回忆一下自己的岁月，作为一个成年人，你和十几岁时在哪些方面不同了？你更有责任感了吗？你在生活中更有目标和动力了吗？你是否没有那么自私了？你是否更能体谅别人了？是啊，你会发现，孩子今天的行为都只是暂时的，孩子不是针对你，孩子只是想弄明白自己是谁，自己有什么力量，这是孩子成长过程中必须经历的。如果你的孩子在青春期很乖，你才是需要着急、紧张的。因为我刚才讲述过，每个人都要经历一个叛逆期，如果不是在十几岁，那他可能会在成年之后，到那个时候，你已经无法介入，你已经能力有限了。对于孩子和他的家庭来说，那是极大的打击啊！

青春期孩子的思维特征及教育对策

青春期是人生全面发展的高峰期，也是个人的自我意识迅速发展并在自身的成长中发挥特殊作用的时期，青春期是一个人独立的开始。由于身体的快速发展、心理的快速变化和社会化进程的加快，他们开始步入“我自己的方式”的新阶段。他们渴望摆脱纪律的约束；他们渴望摆脱成人的控制；他们渴望自主和自力更生；他们渴望按照自己的想法行事；有时候对大人的管教持消极态度；有时候他们觉得父母的苦口婆心变得非常不可理喻；有时候他们处理事情或者事物，会变得异常的不可一世。青春期的孩子开始关注自己，对了解及评价自己怀有强烈的愿望和极高的积极性与兴趣，包括对自己的外貌的探索都变得更仔细。

一、自我意识和自我关注加强

1. 自我意识和自我关注加强的表现特征

青少年正在经历生理和心理变化，这两者结合在一起使他们开始更多地思考自己。

第一种认知扭曲：假想观众。

伯克在《伯克毕生发展心理学》一书中认为，青少年相信自己总是别人注意和关注的焦点，这使他们变得害羞，常常经历避免尴尬的处境。比如，青春期的孩子很少愿意和父母一起出门，尤其是一起赴宴；就算是一起赴宴，如果没有同龄人在一起，他们往往玩手机或者默不作声，又或者焦躁不安。又如，年级越高，上课举手回答问题的人越少，于是家长们经常认为是学校的错误，是教师没有引导好，是班级学习氛围不好，其实最根本的原因是学生总是担心自己出错，担心自己成为同学们瞩目的焦点。再如，青春期的孩子，上学前会在镜子前照了又照，男生明明是板寸头，他却梳了又梳，没有发胶，水也要抹上几次。这让早上送孩子上学的家长急火攻心啊，可是不抹完他是不会出门的。

对于那些相信每一个人都在看着自己的青少年来说，父母或老师的批评会让他们感到屈辱，敏感度强的青少年，甚至会觉得被当众表扬都是一件可耻的事。比如，家里来客人了，你当着客人的面表扬孩子懂事，他很多时候默不出声，默默地离开，因为他想离开这个让他受到瞩目、让他尴尬的场面；如果你当众批评他，他一定会顶撞你或者与你理论。这不是他不可理喻，而是他出于自卫的一种自我保护，是出于本能所为。

第二种认知扭曲：个人神话。

《伯克毕生发展心理学》认为，青少年相信别人都在看着他们，评价他们，使他们夸大了自己的重要性。他们开始感觉自己是特殊的、唯一的，有时候青少年会认为自己达到了荣誉的高峰或者跌入绝望的深渊。

个人神话有利有弊。好的一面在于，个人神话会让青少年认为他无所不能，地球离开了他便不能转。比如，一个老师如果让学生帮忙干活，你会发现，总有那么一个学生，恨不得把所有的东西都一个人扛。你还会发现，在组织某次活动时，组织者一定是跑前跑后，恨不得所有细枝末节的工作都要亲力亲为，因为他不放心别人来做，因为他认为别人可能做得没有他好。这样的好处在于，他可以得到更多锻炼自己、展示自我的机会。这样的学生，往往相当热情、自信。

《伯克毕生发展心理学》阐述道：个人神话的另一面，似乎使青少年相信自己不易受到伤害，从而刺激了他们的冒险行为。在研究中显示，个人神话和感觉寻求得分越高的人，和同龄人相比，越容易从事各种冒险的行为，甚至从事违法行为，尤其是男生，如拉帮结派、哥们义气，抽烟、喝酒的恶习，偷盗、敲诈勒索等违法行为，基本都是在这个阶段形成的。所以，初中阶段学生的教育难度比任何一个学段都更难、都更复杂。这一阶段，也是学生形成正确的价值观、人生观、世界观的阶段；这一阶段，学生的品行教育是最重要的；这一阶段，也是学生最容易出现分化的。家长们要理解：为什么这个阶段你的孩子问题多了起来？不要一味地拿小学来比，更不要上纲上线以为校风不好、班风不好或者老师教育出了问题。这个阶段，是学生的敏感期，是学生的变化期，在这个变化期，需要家庭、学校全力配合。我说句严重的话：在初中阶段，缺乏家庭教育或者学校教育，学生很容易误入歧途，尤其是那些已经有了冒险行为的学生家长，更要全力配合学校做好学生的教育。

因为假想观众和个人神话中青少年早期最强，这个阶段的孩子，坚信别人会关心他们的外表和行为，所以他们特别关注自己的外貌。女生开始学着成人化妆、拉直头发、打耳洞、涂指甲；男生开始留新潮的发型、买酷炫的鞋子，上学前在镜子前反复摆弄自己；脸上长了痘痘如临大敌；再不讲究的孩子，在这个阶段都会穿着整洁。比如，特别瘦的男孩和特别胖的女孩，他们平常的苦恼很可能来源于提醒，这时候，家长千万不要对孩子的特征进行评价。比如："我家女儿哪都好，就是眼睛小了点。""我的儿子哪都好，就是胖了点。”

2. 自我意识和自我关注加强的教育对策

（1）不要当面挑青少年的错，如果问题重要，就单独跟他谈。

在工作中遇到一类家长，当老师约谈家长的时候，有的家长会当着老师和学生的面数落孩子在家的种种不孝、种种不好；个别脾气暴躁的家长，听到老师反馈孩子在校的不良表现，不分青红皂白，“啪”地一耳光打在孩子脸上了。亲爱的爸爸妈妈们，你这声声的数落，你觉得是为了孩子好，你觉得是向老师反馈真实情况，你觉得是家校配合，但你是否想过，当你在数落孩子的时候，站在你身边的孩子，在自己认为最有威严、最崇高的老师面前，你让他一丝不挂，你让他羞愧难当，你让他恨不得找个地缝钻进去。他在自己最爱的爸爸妈妈眼里，是如此的不堪，今天最爱他的爸爸妈妈竟让他在老师面前仅留的一点尊严，被撕扯得体无完肤。换个立场思考，他还有必要学好吗？他还有必要认错吗？他还有必要改正错误吗？你这样做的结果只有一个，那便是让孩子离正确越来越远，离父母越来越远，离老师越来越远，教育，将越来越失去它的意义。

曾经有一个这样真实的案例。白天学校考了数学、物理两门课程，晚上作业相对较少，因为学校规定凡是当天有滚动测试，就不能再布置作业。因为作业不多，孩子晚上想放松一下，就约了同学一起玩游戏。到了约定时间，结果其他同学没有来游戏，妈妈就开始安排练琴、背诵单词等。孩子火了，我就不，我就要在网上等着同学。母女都觉得自己有道理，最后以吵架收场。在吵架地过程中，妈妈拨通了我的电话：“我要告诉你老师，让她知道你是个怎样的学生。”在电话接通的时候，只听到电话那头，女儿在抢手机，随后就听到了“嘭”的摔门声。妈妈在电话那头滔滔不绝地描述着孩子怎样不听话，怎样倔强，怎样与小时候不同，我在电话这头都插不上话。听她说完，我问了她一句："刚才关门的，是不是女儿？""是的（妈妈肯定地回答）。""她知道你在给我打电话？""知道，我告诉她了（妈妈很骄傲地说）。"

我停顿了一下，说："今天你给我打电话，你做错了两件事。"妈妈一听，很诧异："我为啥错了？我找老师反映情况还错了？""是的，你错了，而且这个错误需要你花很长时间来弥补。"我于是一点一点地和她分析，你一错错在过于武断，不理解孩子。今天孩子在学校考试了两门课程，数学考试90分钟，物理考试60分钟，在学校已经考了150分钟，再有耐心的孩子都要"烤煳"了；如果换作是你，开会150分钟，还不让你放松一下，你乐意吗？考试是不是比你开会更辛苦、更烧脑、更有压力？你二错错在不该当着孩子的面给我打电话，我是谁啊？我是孩子的老师，是她值得信赖的人，你这样不管不顾地当着孩子的面投诉她，你让她脸往哪里搁，她此刻心里一定在想："完了，完了，陈老师明天一定会告诉其他老师我的事情。"

我这样一点拨，家长恍然大悟，"惨了，惨了，我没想到这一点。"

"青春期孩子的心，是颗玻璃心，相当脆弱与敏感。"于是我告诉了她弥补的措施，并告诉她，今后如果要向老师反馈情况，一定要背着孩子，而且一定要学会与老师沟通的短信，表扬的留下，不好的要即时删除，不要让孩子觉得家长和老师联合起来对付他。这会让青春期的孩子谁都不相信。

（2）承认青少年独特的地方。选择恰当的时机告诉他应该觉得自己和前几年一样，鼓励他们平衡地看自己。

世界上没有两片相同的树叶，每个孩子都是独一无二的，都有自己的天赋、秉性，都有自己最擅长学习的内容，都有自己擅长做的，也就是都有其独特的魅力。有的孩子学习不好，但他善良；有的孩子能力不够，但他有爱心；有的孩子不善于展示自我，不能成为聚光灯下最闪亮的那一个，但他是最真诚的在下面鼓掌的那个人。

二、理想主义和批判主义

1. 理想主义

青少年思考的多种可能性给他们打开了一个理想与完美的世界，结果他们构想出一幅壮观的完美世界的图景——没有偏见，没有歧视，也没有庸俗的行为。成人与青少年世界观的差异，即所谓的代沟，常常会导致亲子关系紧张，当意识到自己真实的父母和兄弟姐妹与完美家庭不符时，青少年便变成了爱挑剔的评论家。比如，挑剔父母说话的音量，他觉得是刺耳的。对于某一社会现象的看法，你会发现你的孩子是比较偏激或者完美的，他的眼里揉不得半点沙子。对于经常应酬的父母，他会觉得你很庸俗，他嘴上不一定会说，但你说的话，他经常是打折扣听的，这就是为什么很多家庭出现如果父亲经常在外面或者经常回家晚，你说的话，他往往不会放在心上。再如，每个少男少女都怀春，在这个阶段的青少年，容易将对方幻化成白雪公主或白马王子，一旦投入感情将不可自拔。

举个真实的案例。小花交了个男朋友，其父母是做虫草等生意的。小花的母亲经常因劳累而头疼得厉害，父亲有一天突然想到天麻可以治疗头痛，于是托小花男朋友父母帮助购买，并再三嘱咐要收钱，不收钱不要；小花男朋友的父亲很是大方，以进货价卖给了小花父母，并送了一盒虫草。不久后小花与父母因为一件小事发生了矛盾，结果小花毫不客气地提起这事，并说父母“没有一点素质”！这句“没素质”，搁谁身上都受不了，父母二话不说，就将天麻和虫草全数寄回，并告诉这名男生，“钱不要退，作为天麻切片的损失费。”这就是青春期孩子眼里的世界，在她的世界里，认为父母是占便宜的人，丢了她的脸，所以她才会用这样难堪的词语来形容自己的父母。

2. 批判主义

小晔父母离异，随爸爸生活，因为爸爸远在外地工作，每周只能回家一次，为了方便照顾小晔，爸爸请了叔公叔婆来照顾孩子起居，并住在了家里。而小晔是一个很有主见、很有想法、很独立的孩子，也是一个具有极端批判主义精神的人。对于叔公叔婆住在家里，她看不惯，认为叔公叔婆抢占了她的房间；叔公叔婆在家里吃他们的、喝他们的、什么都用家里的，小晔认为是自己的父亲在养着他们。而对于父亲，小晔更是像有什么深仇大恨。小晔的父亲是个强势的人，也相对比较专制，小晔看不惯父亲在家里指手画脚；当老师与父亲沟通后，父亲改成和颜悦色地与她交流，小晔又看不惯父亲一套一套的说辞；当父亲将小晔从一个薄弱的学校转到一所名校的时候，她认为父亲专制，从不考虑她的感受；当小晔来到新的学校，老师要求严格时，她认为老师没有原来学校的老师好……都是别人的错，都是别人的不是，都是别人对她的亏欠。

青少年身上理想主义和批判主义兼容，是因为在他们的世界里，是一幅美丽的山水画。他们在幼儿时代，在他们纯真的世界里，全是美好，全是善良，父母给予的全是满满的爱，他的世界里，就是眼前那一片美好；而随着年龄的增长，他们开始独立地探索这个世界，开始睁开眼走进这个世界。这个世界确实丰富多彩，有善恶美丑，他们在短时间内，很难接受这个世界的不完美，于是面对种种不完美，甚至面对人性很多阴暗面的时候，他们就变成了尖锐的批判主义者。他们只有经历过完美与批判的一番较量，经历过一段时间之后，才能真正认识到这个社会存在的就是合理的，才能接受这个世界的不完美，才能适应这个时代，他们才能从幼稚走向成熟。这个过程是每个青少年必须要经历的。

3. 完美主义和批判主义的教育对策

《伯克毕生发展心理学》告诫家长们，对青少年的远大志向和挑剔的评论做出耐心回应，指出其内心目标的好的方面；帮助青少年理解所有的社会和个人都既有缺点又有优点。在孩子面前，勇于承认自己的错误。

中国的父母似乎都很爱面子，很少有父母愿意在孩子面前承认自己的错误，这类父母在教育理念里被称为专制型父母。我自己曾经就是这一类父母，家里所有事情必须听我的，当然，这与我的性格和我的家庭环境有关。我一直认为我这种专制是必须的，因为家庭关系的复杂（家里6口人，1个老人3个孩子，其中只有2人与我有直接血缘关系），我必须要做一个专制型的家长，才能将所有人团结在我身边，才能树立我在这个家庭中的威信，才能引领这个家庭成员凝聚在我身边。我一直在错误的道路上沾沾自喜，直到有一天意外地发现了女儿的一篇日记，只有短短的几句，“今天老妈又发神经了，她在家又做了什么呢？难道她就没有错吗？”孩子的这一句话，让我陷入反思，是啊，我从来没有在家人面前承认过自己的错误，从来没有想过自己的过错，我从来都是把自己的意志强加给家里的所有人，不管他们是否喜欢、是否愿意、是否接受。我决定改变自己。

第二天，我请孩子们到外面的咖啡厅，一边点着自己想吃的东西，一边开“吐槽大会”，让每个孩子说说妈妈做得不好的事情，或者对妈妈不满意的事情；每吐槽一条，当场微信转账50元。那个下午，每个孩子赚了500元，最多的孩子赚了1000元。后来不久，我再次召开家庭会议，在家庭会议上，我坦诚地承认自己的专制，承认自己对每位家庭成员造成的伤害，并表示一定会改正自己的缺点，营造一个温馨和睦的家庭气氛，让家里的每一个人都成为家庭的主人。我是这样说的，也是这样做的。

三、难以做决定

1. 难以做决策，是青少年的共同特点

《正面管教》一书中谈到，青少年在做决策时缺乏以下理性思考：一是辨别每一种选择的正反两种论点；二是评价各种结果的可能性；三是根据能否达到目标来评价自己的选择；四是从错误中接受教训并在未来做出更好的决定。比如，在外面吃饭，吃什么随便。买什么随便。但当你买了衣服给他，他不是嫌颜色不好，就是吐槽款式不对。这个时候，他的完美主义和批判主义的一面呈现得淋漓尽致。又如，父母离婚时让孩子选择跟父亲还是母亲一起生活，等等。青少年阶段，父母选择离婚对青少年影响很大：一方面他有对现有家庭的不满，另一方面有他对未来家庭的不可预知性。再如，形形色色、无穷无尽的选择将青少年淹没，如校本课程、社团、课外活动、体育项目、艺术节目、科技项目等，结果他们只得退而求其次，放弃努力，凭着习惯或一时冲动做出选择，或者推迟做决定，或者跟随同伴做决定，或者草草做决定，最后后悔。

2. 对于难以做决策的教育对策

鼓励青少年做一些逻辑思考，有助于增强他们做出理性抉择的能力；在做出有效决策方面给他们提供榜样；帮他们分析各种选择的优缺点，各种可能的结果及争议，从错误的选择中吸取教训。随着时光流逝，他们从成功和失败中吸取经验和教训，并对他们的决策做出反思后，做决策的信心和效果都会改进。

我们有一位老师也是我们的家长，我特别欣赏他的家庭教育方法：决定某一件事时，她会帮助孩子列出几种方法，每一种方法的好处是什么，不足是什么，最后决定选取哪一种。

比如，涉及电子产品的使用。建议：

（1）拥有电子产品并不是孩子天生就该拥有的权利。在家里添置一件电子产品之前，需要进行家庭充分讨论，包括怎样支付、怎样使用、怎样分享、怎样维护。对于可以用多长时间的电子产品，何时可以用，要给孩子有限制的选择权。

（2）和孩子一起确定一个放置所有电子产品的“存放处”或者建立一个“父母书房”，把所有电子产品存放在里面，在特定的时间才拿出来。

（3）要制定每周上网时限，如果超过时限，你要没收手机，直到孩子找到限制自己使用的方法。

（4）要让孩子知道学校关于使用电子产品的规定。

与青春期孩子沟通的基本原则

青春期青少年身心发展不平衡的矛盾，常常导致许多青少年出现难以排解的情绪问题，甚至走极端。一桩桩事故、一个个数据，让原本对青春期孩子手足无措的家长更是不敢教育孩子，家长们也都纷纷感受到青春期孩子的心理好像很脆弱，动不动走极端，让家长悲痛欲绝。因此，很多家长在孩子进入青春期时，不敢管。加上每个父母都没有经过培训就上岗，没有经验、没有理论、没有方法，出现了大部分家长不会管、管不好的问题。因而家庭教育成为焦头烂额的事情，很多家庭因为夫妻教育理念差异导致夫妻关系紧张甚至离异的事件。

小沈是学校的舞蹈生，父母都是教师，父亲在从事教师职业前是个军人，家里对小沈的管理非常严格，父亲以军人的要求来规范小沈的言行，父亲在家里说一不二。到小沈读初二的时候，父母有了二胎，将大部分精力与爱放在了小宝宝身上。每周三是家长到校看望住校生的时间，有的家长会带来美食，有的家长会请宿舍的同学一起聚餐，而只有小沈的家长几乎没来看望过她，小沈感觉特别失落，每周末回到家，看到爸爸妈妈对妹妹的那股亲热劲，仿佛她是多余的。慢慢地，心里由不平衡、愤怒转向了无奈、无助，日积月累，在网课期间患上了中度抑郁症。开学后，因为同班好友被老师批评，小沈难过不已，课后跑到卫生间拿起小美工刀割伤自己的手臂，走出卫生间时被同学看到鲜血淋漓。父母知道此事之后，彻底改变了对小沈的态度，将大部分精力与爱转移到了她身上，几乎每天都会来学校看望她，只要她有要求，父母立即满足。父母突然的改变，让小沈更加感觉无所适从，承受不起这份沉甸甸的爱，感觉自己对不起父母，她抑郁的状态没有得到任何改变。

小沈的故事，提醒我们每一位父母，青春期孩子的感情很脆弱，心思很敏感，尤其是女生。因为学习压力大，学校课程紧，课外辅导多，女生无法像男生一样打一场篮球、踢一场足球甚至吵一次架来宣泄自己，女生更多的是在四角天空里约束着自己。那么对于青春期孩子的教育，我们需要遵循怎样的原则？

原则一：指导，而非娇纵、控制、小题大做

人与人之间有分歧，分歧的是每个人的想法而不是事情本身。有一个这样的小哲理故事：有两人吃饭，一个是凡夫俗子，另一个是和尚。主人做了一桌子的素菜，和尚一看，欣喜若狂，不禁感叹：主人太尊重我了，全是素菜啊；而凡夫俗子一看，气不打一处来：什么意思啊，请我吃饭就几个素菜？这个故事告诉我们：同一件事，立场不同、想法不同，情绪自然不同。同样地，对于青少年的教育，同一件事，换个方法和角度，教育的效果便会不一样。我们不能对青少年的种种行为听之任之；我们不能娇纵，不能控制，不能小题大做。我们需要做的是指导。

比如，被问及学习有什么用？如果你告诉孩子，是为了过上好日子，过上有尊严的生活。孩子想，已经有房有车了，已经很有尊严了，我为什么还要读书？什么是好日子？比邻居家的日子好就是好日子吗？我羡慕他们家孩子没有培训班，我觉得他过的是好日子。还有的家长仍用上一辈的观念告诉孩子，如果你不好好读书，就找不到工作，就要去当清洁工。这是多么错误的说法。先不说清洁工也是非常有尊严的工作，凡是靠自己劳动所获得的生活都是值得尊重的。现在社会只要你愿意劳动，养活自己是很简单的事情。

又如，报校本课程。学校的校本课程非常丰富，有生活素养类、学科素养类、科学素养类、艺术素养类近40门课程。青春期的孩子思维一个特征是难以做决定。而在选报校本课程中，我们往往发现这样一个现象：学生在网上选完校本课程后，每年都会有几个学生来找老师，要求改校本课程科目，一问原因，基本相同：父母帮我选的，我并不想上这门课程。这就是家长的专制、家长的控制。面对这一问题，家长要如何处理？很简单，拿出校本课程手册，让孩子自主阅读校本课程科目教师和课程介绍，首先在近40门课程中选出5门自己感兴趣的，选出后，逐一将每门课程你可能学习到的、你感兴趣的部分罗列出来，将5门课程再根据自己的喜欢程度排序，选课的顺序就按照这个顺序来挑选，总有一门能被选中。这就是由控制到指导，给予孩子充分的自主管理、自主教育、自主成长的过程。

再如，小花有轻度抑郁症，为了方便联系，在没有征得老师同意之下，小花将手机带到了学校。结果在一次小测中，小花的各科成绩都很好，同学们对此提出质疑，有几个男生拉了一个微信群，在群里公开质问小花，并在课间对小花进行讽刺与指责，导致小花精神压力过大，不敢上学。对此，家长威胁班主任，如果不解决此事，将要投诉到教育局；如果小花出现任何危害生命的行为，家长将要与老师拼命。家长的心情，在这种情况下，容易说出一些极端的话语，是情理之中，是完全可以理解的，但是这不利于问题的解决。这件事情的解决，需要的是指导。

对于小花，家长需要引导她全面客观地看待学生的评价，如果自己真的有看手机的舞弊行为，要客观认识。每个学生都是孩子，孩子都很看重公平公正，如果自己有舞弊，对其他同学是不公平不公正的，同学有此批评无可厚非。同时也要指导孩子正确地使用手机，学校有明确规定不能带手机到学校，而自己违反了学校规定带手机到学校而遭到质疑，是事实。那么为了避免今后再出现类似的矛盾，把手机换成电话手表，这也是学校倡导的。

对于其他同学，老师要理解他们追求公平公正的心情，但更要正确引导他们的情绪，尤其让他们切身感受到：分数和生命，哪个更重要？要引导学生学会共情。如果你是小花，就算你舞弊了，你能忍受同学们对你群起而攻之吗？通过这样的指导后，男生们纷纷意识到，自己的言行确实非常过分，这是强者对弱者的欺凌，是典型的校园语言暴力。通过以上的指导，小花的情绪慢慢得到了疏解，在家里休息了几天后就正常上学了。

青少年的思维特征之一是完美主义和批判主义，所以他们对社会、对生活中发生的事情，没有办法客观地分析与判断，他们的思维很容易走极端。当某一事件不符合他的理想状态时，他们就会变成一个尖锐的批判家。而这个时候，家长和老师需要做到的是引导，指导他们分析社会的不完美，接纳人性的不完美，帮助他们分析每一事物的优缺点，并通过比较分析，做出客观的评价。

原则二：共情

一谈到共情，许多人都说，共情很简单啊：孩子，你真棒；孩子，你很优秀；孩子，我为你骄傲；亲爱的爸爸妈妈们，这不是共情，这是敷衍、是应付。你说孩子优秀，他心里却在想：我数学也不好，英语也不好，情商不高，智商不高，还处理不好人际关系，我哪里优秀了？孩子对你的赞美欣赏，心怀质疑。真正的共情是什么？就是当孩子高兴或不开心时，你能说出他当下的委屈、当下的兴奋、当下的情绪，你能用语言说出他做出这件事当下的心境和做完这件事之后的感受。

一次，陶行知看到学生王友用泥块砸同学，当即制止，让他放学后到校长室。陶行知来到校长室，王友已等在门口准备挨训了。没想到陶行知却给了他一颗糖，并说："这是奖给你的，因为你很准时，我却迟到了。"王友惊异地瞪大了眼睛。陶行知又掏出第二颗糖对王友说："这第二颗糖也是奖给你的，因为我不让你再打人时，你立即就停止了。"接着陶行知又掏出了第三颗糖："我调查过了，你砸的那些男生，是因为他们不遵守游戏规则，欺负女生；你砸他们，说明你正直善良，且有跟坏人做斗争的勇气，应该奖励你啊！"王友感动极了，哭着说："陶校长，你打我两下吧！我错了，我砸的不是坏人，是自己的同学……"陶行知这时笑了，马上掏出第四颗糖："因为你正确地认识错误，我再奖励你一颗糖……我的糖分完了，我们的谈话也结束了。"陶行知和四颗糖的故事告诉我们，首先要共情。

举例1：今天你接到老师的电话——孩子上课讲话，被批评了。你本来正在专心致志地做着自己的工作，这通电话后，你的血液开始沸腾，手开始发抖，明显感觉自己心跳加快，心里的怒火开始噌噌地冒起来，苦于在单位，只能强颜欢笑。好不容易熬到下班，一刻都不能停留，必须要在儿子回家之前回到家。可等你回家后发现，放学时间到了，儿子还没有回家。你本来想好好和他谈谈的情绪瞬间又爆发了。可是你的儿子可能没有将被批评这件事放在心上，决定放学后和同学一起在外面玩一会儿，回家晚了。他一进家门，你就在厨房开始喊叫："你干吗去了，怎么才回家？"家长们，站在孩子的立场想象一下，如果你受到这种方式的对待，你会有什么感受？莫名其妙、火冒三丈或者委曲求全。那么接下来会发生什么？孩子觉得委屈，你觉得理直气壮，甚至大有一种恨铁不成钢的感受，在你们家，一场争吵是无法避免了。但年轻的爸爸妈妈们，问题解决了吗？没有。所以我希望，当你遇到类似情形时，“你能够把你长篇大论的激烈指责放在一边，先跟自己十几岁的孩子建立情感联结，深吸一口气，要用一种温和的语调，搞清楚他发生了什么事情”。

接到老师反馈孩子在学校情况的事情会有很多，那么年轻的爸爸妈妈们，我们遇到这种情况该如何处理呢？你可以这样和孩子交流：“孩子，今天妈妈接到老师的电话，沟通了一下你在学校的一些情况，我们一起来聊一聊。这段时间，你在家里表现都很好，大部分时间按时回家，按时写作业，遵守电子产品的约定，收拾房间，帮忙做家务……（被表扬，得到肯定与赞许的孩子，放松了戒备之心）在学校里，你自己觉得哪些地方是做得很好的？”（仍然先肯定，找他的优点，帮助他找到在学校的存在感，如果孩子说不出来，你可以根据孩子的特点提示他，如同学相处、运动、上学不迟到、尊重老师等，每个人都有优点，要让孩子善于发现自己的优点）……那么你自己觉得哪些方面还需要改进？……（当孩子得到尊重时，他愿意剖析自己，愿意推心置腹，因为他知道，他不会在一种威胁、责备、数落的环境下交流）……你是个有主见、有想法、有行动的孩子，你自己觉得对于这些需要改进的地方，如何具体落实？（如果孩子说得很笼统，你需要引导他，比如作业时间的安排，比如减少上课讲话次数的方式）

举例2：当孩子考差了，回到家，看到儿子在玩手机，气便不打一处来，“放下手机，放下电脑，写作业去”。这个时候，等着你们的不会有好的结果。你可以问孩子几个问题：宝贝，你觉得自己考得怎样？你对自己满意吗？如果不满意，你这次收获了什么？下次应该怎么努力呢？爸爸会永远支持你，做你坚强的后盾。孩子只要觉得，在这个世界上有一个人会永远地支持他、陪伴他，他就有重新在困境中站起来的信心和勇气。

举例3：小张在学校被同学恶意嘲笑，心情很不好，回去跟妈妈说起这个事，本希望得到妈妈的支持，结果妈妈劈头盖脸地一顿骂，那么多同学，人家不嘲笑别人，为什么只嘲笑你啊？还不是因为你平常大大咧咧，满嘴跑火车得罪了同学？！本想求安慰，反被数落一通。亲爱的爸爸妈妈们，这件事情的后来只有一幕，就是孩子心里的火气，就像放到了沸水里的温度计，噌噌往上冒，头脑充血、眼里冒火，可是眼前又是老母亲老父亲，又不敢把气直接撒在他们身上，怎么办？一个箭步冲进自己的房间，“嘭”一声把门关了，踢书桌撒气，然后打枕头、捶桌子；严重的孩子会将自己锁起来，甚至打自己耳光、伤害自己，来发泄自己心中的委屈。

亲爱的爸爸妈妈们，小张妈妈的做法所产生的后果只有一个：今后孩子遇到任何困难和麻烦，都宁愿自己一个人忍受也不会再找爸爸妈妈诉说，因为在爸爸妈妈这里，他得到的只有批评。当孩子向你们寻求帮助时，向你们诉说委屈时，你知道孩子需要的是什么吗？孩子要的不是充满正能量的道理，而是情感的支持。那么小张妈妈该如何回应才恰当呢？

她可以这样说：宝贝，你是不是很难过？这群同学实在太可恶了！孩子一听心里就会得到安慰，妈妈的话说出了他的委屈，说出了他当下的心情，这就叫共情。

“妈妈知道你很难过，你需要妈妈做点什么？”孩子遇到任何问题，父母必须和孩子站在一起，成为孩子的同盟军，成为他们随时可以依靠的肩膀和力量，这样就算他们在外面受了再大的委屈，都会愿意和父母分担。只要孩子愿意与父母分担，孩子所有的困难就都在父母的可控范围内，孩子就不会有事。

随后，小张妈妈可以进一步问孩子：“你打算怎么处理这件事呢？”把怎么解决问题抛给孩子，孩子就会去思考怎么解决。如果孩子能提出解决方案，妈妈给予参考，提出合理化的建议；如果孩子一时找不到解决方案，妈妈也可以提供几种解决方式，和小张一起分析每一种做法的利弊。比如：

（1）自己解决，以牙还牙，小张第二天就去学校嘲笑那个嘲笑过他的同学；

（2）家长协助解决，妈妈亲自出面找嘲笑她的同学理论；

（3）老师解决；

（4）小张可以装作没听到，不在意，忽略这件事，嘲笑的人就自觉无趣了。

每一种方法都有其利弊，可以单独使用，也可以综合使用。当孩子得到了家长的支持，又有了解决问题的方法，他的情绪就会平静下来。

深圳市著名班主任钟杰老师曾说过，青春期的孩子已经有了成人感，能独立思考问题了。他们渴望被看见、被重视、被理解，他们希望父母能用心听他们说话，听懂他们说话，给予他们情感的支持，给他们提出建设性的建议，而不是一味地否定、评价、顺从。只要父母能听懂他们说话，孩子就愿意跟父母说话，亲子交流就能继续。

所以与孩子一起专注地解决问题，并由孩子提出解决方案；尤其是当我们处在负面情绪中的时候，智慧的通道就会被堵住。家长站在孩子的角度看问题并共情，将爱传递给了孩子，孩子会受到激励。当然，如果孩子同样的事情发生多了，则需要一定的惩罚，因为惩罚也是教育的必要手段，所以你要在孩子提出解决方案的同时，制定约束自己的措施。

孩子就像一幅美丽的山水画，上面有山有水，有蓝天白云，半山腰上往往还有一些羊儿在吃草，水里有小船，有渔夫，岸边有青草，有石头。建议家长在面对孩子的时候，用更全面客观的视角分析，尽可能站在孩子的角度，让孩子觉得父母是理解心疼他的，这样孩子就比较愿意和父母交流，他就会告诉你他在学校的一些事情、想法和心情，父母就有可能看到山水画的全貌。

原则三：少责备、多鼓励

早上起床："怎么还不起床""怎么不叠被子""牙刷怎么乱丢""好好洗脸""能不能快一点，上学要迟到了"。在上学途中："你要专心听课哈""你要和同学搞好关系哈""你要认真完成作业哈"。放学回到家："鞋子怎么乱放""怎么还在聊天不写作业呢""你的字能不能写好一点""你的作业能不能写工整一点""你怎么连作业都忘记抄回来了""你看看你一天都干了些什么""作业写完了，还不快去洗澡""已经这么晚了，洗澡能不能快点""怎么还在磨蹭呢""关灯！睡觉"。

亲爱的爸爸妈妈们，以上这些话，是不是很熟悉？你每天要说多少句？要说多少遍？当你分散到不同的时段一遍一遍地说，你自己不觉得，可是今天我将你一整天的话，串在一起，只说一遍，你听完的感受是什么？我要疯了！如果你是孩子，你的感受是什么？指责，除了指责就是命令。亲爱的爸爸妈妈们，这不是家，这是监狱，是少管所。这个家，缺少了温暖，缺少了民主，缺少了赞美，缺少了鼓励。孩子长期生活在这个环境里，不是疯掉就是在变疯的路上。可以想象，你们的亲子关系必定不好。

一个邻居，儿子读六年级，成绩非常糟糕，妈妈觉得很丢脸。有一天找到我家里，我问她，当孩子拿出试卷分析时，你是不是说："怎么这么简单的题都做错了？""这道题，我明明讲了很多遍了，为什么还出错？"妈妈点点头："是的，事实就是这样啊。我讲了若干遍，他还出错，真觉得他不是学习的料。"我再问妈妈，"开始的时候，儿子会拿回试卷给你看，现在，你基本看不到他的试卷了，对吗？"妈妈很佩服地说："你怎么知道？是啊，他试卷一发下来，就揉了丢进了垃圾桶。"我问妈妈："你知道这是为什么吗？"妈妈一脸茫然，用期待的眼神等待着我的答案。

我反问她："如果你在单位，领导让你做一个方案，你好不容易做出一个方案后，领导用同样的话来说你，你的感受是什么？"

被我这样一点拨，妈妈恍然大悟。是啊，妈妈的指责、批评，除了降低孩子的学习兴趣之外，更重要的是，让孩子对学习产生畏惧，对妈妈不再信赖。该如何解决这个问题？我给妈妈的建议是：下次儿子拿回试卷，只说三句话。

第一句话："儿子，你今天能把试卷拿回来给妈妈，谢谢你对妈妈的信任！"

第二句话："儿子，妈妈不是数学专业的，妈妈不一定懂得教数学，但妈妈可以和你一起学习！"

第三句话："儿子，不错噢，这几道题都做对了。我们再看看还有哪几道是我们可以第二次做好的？"

原则四：当批评、鼓励都不起作用的时候，请学会降低期望值，学会默默地观察

学习，对于中国家庭、中国父母来说，是非常重要的话题。我从来不认同一个观点：学习不重要。在中国国情下，学习很重要，学习成为孩子生活的大部分内容，孩子的大部分时间尤其整个青春期都是在学校度过的，他的价值观、人生观、世界观，他的自信、快乐、幸福很大程度上不是来自家庭，不是来自父母，他的许多人格的形成是来源于他的同伴所在的群体。既然学习那么重要，我们中国每个家庭不可避免地都要谈论学习的事情，那么对于学习这件事，有的孩子有一定的天赋，从小不需要父母怎么管理就可以学得很好。在我们工作中，发现一个规律：大多数学习成绩好的，其实父母操心并不太多，因为孩子从小就知道自己要什么，怎么做。大多数学习成绩不好的，父母操碎了心，效果都不显著。我作为一个教育工作者，对于自己孩子的学习很多时候也是无能为力，尤其是当一些朋友问及怎样让孩子的学习有本质变化时，我常常也是难以应对。因为我认为，学习是一个漫长的过程，有的孩子成熟早，而有的孩子大器晚成。大器晚成的孩子，只有等到自己开窍了，自己突然醒悟了，明白自己需要学习、需要努力的时候，他才会真正努力，真正地去争取自己想要的东西。学习更是如此。

我的大女儿小学时成绩一塌糊涂，数学39分，问她，她振振有词："我们班还有一个同学只有26分。"我自己也想办法教她，中午辅导她英语，晚上辅导她数学。后来我放弃了，为什么？我发现一道数学题，我给她讲解完思路和过程后，让她自己列出算式，她像什么都没有听到、什么都没有学到一样，又回到了起点，什么都不会。你需要将算式列出来，让她抄一遍，她就会了。同样的题目，表达都一样，只是换了数字，让她依样画葫芦再做一遍，她一脸茫然，什么都不会。那个时候啊，作为妈妈，真是被气得火忍不住地往上冒，知道孩子不能责备，知道不能发火，知道发火会越来越糟糕，知道要温和教育，知道要引导，所有的教育教学理论我都懂，我都告诉了自己一遍，但是当你面对此情此景，你的所有理论所有修养都不管用了。我气得手发抖，敲桌子，大声吼："你……愚子不可教也！"后来，我让她爸爸教她数学，每教一次，家里就像一个战场，充满了火药味。后来，我们心态都平和了。孩子上了初中，数学我们也教不了，我们也做好了最坏的心理准备。可是不曾想，到了初二下学期，孩子突然醒悟了，突然懂事了，每天中午会将作业带回家，每天晚上自觉在书桌前写作业，成绩一下子进步很大，到中考时竟然考到了年级第121名。到了高中，数学反而成了她的优势科目，她大学读的是金融投资专业，都是与数字打交道。

我举大女儿的事情，是要说明一个道理：学习上的事情，你指责没有用，有时候连鼓励都没有用。我们不得不承认，教育有时候是无能的，不是所有的教育都能改变一个人。教育，更多的是孩子自我领悟的过程。当一个孩子明白自己需要什么的时候，他会想方设法地去争取，而在之前，你怎样努力，怎样付出可能都会付之东流。当这种情况发生的时候，作为家长，请学会降低期望值，学会默默地观察。

苏霍姆林斯基在《给教师的建议》一书中，讲到一个很有哲理的小故事：让所有刚刚入学的7岁儿童都完成同一种体力劳动，如提水，有的孩子提了5桶就筋疲力尽，有的孩子却能提20多桶，但是如果你强迫一个身体虚弱的孩子一定要提20桶，那么这就会损害他的健康，他到明天就什么也干不成。儿童的脑力劳动所需要的力量，也是像这样各不相同的。这个小故事告诉我们，每个孩子都是独立不同的个体，我们不能“一视同仁”。有的孩子学习成绩很差，但是他人际关系非常好，朋友最多，因为他喜欢帮助别人；有的孩子，数学很好，但是他的历史却很差，因为他不擅长记忆；有的孩子在学校什么都不突出，但是他在家里却愿意干家务活，因为他动手能力强。每个孩子都是千差万别的，我们没有办法在学习这件事上，让所有的孩子都变得优秀，变得出色。

一位班主任发给家长的一则短信：“无论成绩好坏，请想想：每个孩子都是种子，只不过每个人的花期不同。有的花，一开始就灿烂绽放；有的花，需要漫长地等待。不要看着别人怒放了，自己的那棵还没有动静就着急，相信是花都有自己的花期，细心地呵护自己的花慢慢地看着他长大，陪着他沐浴阳光风雨，这何尝不是一种幸福。相信孩子，静待花开。也许你的种子永远不会开花，因为他是一棵参天大树。”

每个孩子都是千差万别、独一无二的，教育同样是千差万别的，不同的孩子教育方式方法不一样。张三家孩子的教育理念不一定适合李四家，李四家的家庭相处方式不一定适合王五家。但是不管哪一种教育理念，万变不离其宗的是教育的本真，不是看孩子今天走得快不快，不是看孩子明天走得远不远，而是看教育的过程中孩子幸不幸福。

教师篇

目前师生沟通中存在的弊端及原因分析

教师的主要工作是沟通。本研究从教育环境、班主任整体素养、目前学校的现状和初中生的状况等师生沟通存在的无效性、表层性等多方面的问题出发，旨在提高笔者本校2019级师生沟通的有效性。

一、从教育环境的角度来看

师生沟通是教师工作中最主要的部分，但普遍存在表层性、单一性、无效性的问题。

从表层性来说，几千年的中国文化中，普遍认为“教不严，师之惰”及“严师出高徒”，教师很多时候对学生是一味地严厉，甚至被负面情绪所引导，难以对学生做到真正的平等和尊重；或是在如今“尊师重道在逐渐弱化”的大环境下，社会与家长都可以对教育“说三道四”，教师们往往为了避免被投诉、被追责，与学生的沟通只是流于表面，不敢把真正的问题说出来。

从单一性来说，从传统的“学而优则仕”到如今的“一考定终身”的状况，出现了教育关怀的缺失，中国教育没有真正关注学生内心的需求、真实的想法，有时太过于单一关注分数和成绩，而不了解学生心里在想什么、需要什么，沟通自然很难有效果。

从无效性来说：

（1）沟通内容的无效性。教师在沟通中，沟通内容单一；经常将与本次行为无关的事件与现象放到一起，新账旧账一起算，这样沟通的内容是无效的。

（2）沟通效果难以为继。目前的师生沟通基本处于今天沟通，学生能好几天，但过一段时间，又重蹈覆辙，同样的错误总是在不断地出现；多次沟通无效后，教师对学生失望，学生对教师敬而远之，师生产生隔阂，因此无效的师生沟通并没有真正对学生的行为产生影响。

二、从班主任群体素养角度看

部分班主任对师生沟通存在不重视、不懂也不学的问题。

不重视：目前社会对学校的升学期望值太高，教师们的教学压力非常大，教师们更多关注的是学习成绩，对学生的思想品德建设并不重视。

不懂：教师沟通技巧单一，以平铺直叙为主，缺乏启发引导；以思想教育为主，缺乏积极聆听；以解决眼前问题为主，缺乏长远眼光；缺乏语言魅力，时常听到不当的呵斥声、不断的数落声，班主任用简单的投诉家长、唠叨学生、罚抄写字等管、压、卡等方式，学生口服心不服，出现沟而不通、通而不畅的现象。这样的教育一是没有建立在互相尊重、师生平等的基础上；二是学生被动而不是主动接受；三是不能引起学生共鸣，不能产生学生内心的自省。长此以往，只能让师生间形成一种对立面，学生不能真正从内心思考自己，也就不可能真正地成长起来。

不学：许多班主任在参加工作后，就放弃了阅读、放弃了提升自己，很少有教师会潜心阅读有关师生沟通方面的书籍。他们的管理方式不能与时俱进，教育理念很多还停留在传统模式里。他们很少参加各种培训，就算是有讲座，也基本以玩手机消磨时光为主。

三、从目前学校的角度来看，结合笔者学校的情况分析

学校无暇、无策略来关注师生沟通的有效性问题。

从无暇的角度说，学校管理层事务性工作繁忙，也因为编制和经费问题，作为德育阵地的学生处没有专门的教师来处理师生沟通的问题，只有当接到家长投诉教师处理问题不当的时候，才进行联系与关注。

从无策略的角度说，学校在教育管理上，缺乏方法的指导、缺乏经验的传授、缺乏有效信息的交流平台；当出现沟而不通、通而不畅的现象时，教师也不知道该用怎样的方法来解决，而只能一味地依赖学生处来处理、解决善后。

四、从初中生的角度来看

初中生不喜欢、不愿意主动沟通。

导致学生不喜欢沟通的主要原因在于：初中阶段，由于生活条件、教育条件及身心的发展变化，学生的心理表现具有闭锁性，在情感方面趋于闭锁、内隐，在与教师沟通时主动性逐渐减弱。除课堂上基于教学的师生互动，师生之间的沟通往往是由教师发起的基于学生问题的单向沟通模式，学生很少主动参与。

导致学生不愿意沟通的主要原因在于：在我国，“师尊生卑”观念根深蒂固。由于教师与学生身份、地位的不同，师生沟通常以从教师到学生的单向信息传递方式进行：在课堂上，教师向学生讲授知识，学生们负责记录、记忆；在课下，教师常常居高临下地给

学生以指导、批评、建议、警告等；师生单独沟通时，教师对学生否定多于肯定，批评多于赞扬，很难以平和的心态与学生交流。这些情况均会使师生沟通时位差效应明显化，从而出现学生不喜欢也不愿意主动与教师沟通。

在社会、学校、教师、学生等多重背景下，必须要改变教师传统观念，将提升青春期初中生的心理素养作为教师重要而有效的工作，因此本课题提出基于3R理论的师生有效沟通策略研究（3R：Relatedness相关；Respect尊重；Reasonability合理），旨在提升学生生命质量，促进学生智慧成长，并且能为广大一线教育工作者提供师生有效沟通的一些策略，以及一定的理论研究借鉴。

目前学术界对师生有效沟通的研究动态分析

一、国外研究现状

戴尔·卡耐基是人类历史上最伟大的励志作家，是美国成人教育之父，被誉为“人类最伟大的心灵导师”。他在2007年出版的《沟通的艺术》[①]一书中提出沟通的六项修炼。“用友善的方式说话”“不要与他人争辩”“让他人享受到被尊重的感觉”等，这也说明了同理心在沟通方面的应用，教育者在与学生谈话的过程中，要注重学生的内心想法，不能只考虑自身。要尊重他们的人格，用谦虚的态度待人，即使不同意对方的观点，也应该保持礼貌，要实事求是地评论任何事，对事不对人，不要任意攻击对方的人品和道德。

在内尔·诺丁斯2011年出版的《学会关心：教育的另一种模

① ［美］戴尔·卡耐基：《沟通的艺术》，天津社会科学院出版社2007年版。

式》[①]中，诺丁斯进一步深化了她的教育模式理论。该书中阐述了大量数学和艺术教学中的实例，强调学校教育应该注重培养学生的同理心，教师应该将学生视为自己的孩子，必须教会学生关心自我，关心他人，关心动植物和自然环境，关心人类创造的物质及精神世界。

2012年，美国的迈克尔·托马塞洛在《人类沟通起源》[②]一书中推论，人类今日的语言沟通从动物的沟通开始，始于手势沟通，并强调了沟通中合作的重要性。美国著名管理学家Richard M. Hodgetts（理查德·M. 霍杰茨）曾深有感触地表示，沟通不良是管理低效的一个基本原因。

二、国内研究现状

目前国内对基于有效沟通构建良好师生关系的研究主要集中在以下四个方面：一是关于有效沟通对师生关系的作用和意义的研究；二是关于构建良好师生关系的影响因素的研究；三是关于影响良好师生关系构建的有效沟通策略的研究；四是结合心理学、管理学等多学科建立师生有效沟通方式。

（一）关于有效沟通对师生关系的作用和意义的研究

聂冰青在《学生教育管理中教师与学生的沟通基础和技巧》[③]中从管理学视角提出有效的沟通要以尊重和信任为基础，这是师生间沟通的关键。教师把握好师生沟通与交流中的角色与技巧，从学生

① ［美］内尔·诺丁斯：《学会关心：教育的另一种模式》，教育科学出版社2011年版。

② ［美］迈克尔·托马塞洛：《人类沟通起源》，商务印书馆2012年版。

③ 聂冰青：《学生教育管理中教师与学生的沟通基础和技巧》，载《当代教育实践与教学研究》2017年第6期。

那里获得意见和建议，有助于加强师生之间的情感联系，提升沟通与交流效果。

王笑乐在《浅谈班级管理中的心理沟通》[①]中从心理学视角指出师生关系构建过程中，既要重视规章制度的“刚”性模式，更要加强师生之间心灵沟通的“柔”性约束。在频繁的教育信息交流活动中，要注意学生个体在“内化”过程中的能动性，教育信息才能通过教育对象的接受、反应、内化、行为产生心理共振效应，遵循青少年个性品德的形成和发展规律，经历内在和外在的交替过程，有的放矢、因材施教，将教师的教育“入耳”“入脑”“入心”，重视师生之间“柔”性管理，建立行之有效的心理沟通渠道，促进师生良好关系的形成。

（二）关于构建良好师生关系的影响因素的研究

高玲、张雪莲在《基于建构主义的师生关系探究》[②]中从心理学角度对师生关系建构维度进行分析，提出应该从教育互动、伦理约束、情感交融三个方面重新构建师生关系。沈红平在《中小学教师个性因素对学生学习兴趣及师生关系的影响》[③]中从人际交往视角指出教师的个性对构建师生关系有直接的影响，良好的教师个性可以激发学生的学习兴趣，增强教师的个人魅力，具有导向和凝聚等多项功能，对构建师生关系有很好的促进作用。

---

① 王笑乐：《浅谈班级管理中的心理沟通》，载《黑龙江科技信息》2011年第31期。

② 高玲、张雪莲：《基于建构主义的师生关系探究》，载《教育理论与实践》2009年第34期。

③ 沈红平：《中小学教师个性因素对学生学习兴趣及师生关系的影响》，载《教育理论与实践》2007年第S2期。

（三）关于影响良好师生关系构建的有效沟通策略的研究

1. 师生沟通有一个重要的策略是“同理心策略”，许多的研究都提到该观点

《和学生做朋友——同理心、真诚在班主任工作中的应用》[①]一文谈到作者在大学班主任工作中的具体实践，作者用同理心理论，在该基础上以真诚之心，分析了当大学生遇到困难时，如何帮助他们解决问题。她认为，面对学生的具体困难，班主任可通过扮演朋友的角色，表现出“帮助”的行为，使对方产生信任感，继而出现接纳的反应。该文的不足是她只谈了理论和在大学生中的实践，案例的典型性和数据数量稍显不足。

陈锐的《“时刻不忘自己曾经也是孩子”——苏霍姆林斯基的同理心教育观》[②]一文认为：同理心是人本主义心理学理论的重要概念，核心思想是“无条件积极关注”；苏霍姆林斯基的同理心教育观提出同理心是“和谐发展的一般基础”，要求教师不要忘了自己曾经也是孩子；同理心教育观包括对儿童认知特性的同理、对“差生”行为的同理、培育孩子的同理心三部分；同理心教育的最终意义是促进思维和情感的统一，培养全面发展的人。该文为我们阐述了同理心的基本概念、核心思想和苏霍姆林斯基同理心教育观的概念，是研究同理心的理论基础。不足是该文较少结合实践来阐述，同理心教育应该是在实践中的教育。

---

① 孔燕：《和学生做朋友——同理心、真诚在班主任工作中的应用》，载《教育与现代化》1996年第4期。

② 陈锐：《“时刻不忘自己也曾经是个孩子”——苏霍姆林斯基的同理心教育观》，载《当代教育论坛》2007年第11期。

《例谈运用同理心化解学生纠纷》[①]一文先阐发和解释了同理心的概念，接着，作者列举了运用同理心解决学生矛盾的一个成功案例——就班主任如何运用同理心原则管理班级事务，培养学生的同理心。该文也是在同理心理论的基础上提出的实践案例，案例翔实，对参与的三个主体的学生都进行了“换位思考”。不足是如何结合理论进行实践，作者的分析稍显不足，这给后续的学习和应用者带来了一定的困难。

孙晓萱的《试论同理心原则在师生沟通中的运用》[②]一文介绍了同理心的概念，阐述了同理心原则在师生沟通中的重要作用，并提出了教师在运用同理心原则与学生沟通时应注意的问题，特别强调了语言技巧的重要性在教育教学实践中有一定的借鉴意义。该文的创新之处是提出了同理心应用的注意事项，尤其是采用语言沟通时，如何运用语言技巧达到最好的沟通效果。不足是除语言沟通之外，作者没有提出其他有效沟通的策略。

《论对话理念下师生沟通的策略》[③]讲述了对话是以语言和非语言为中介而进行的话语、情感、思想等方面的双向交流、沟通与理解。基于对话理念，教师可以富有同理心，积极聆听对方，适度使用幽默语言和善用非语言，来促进教师和学生的沟通与交流，从而培养和谐的师生关系。

---

① 王现永：《例谈运用同理心化解学生纠纷》，载《教育科学》2014年第1期。

② 孙晓萱：《试论同理心原则在师生沟通中的运用》，载《师生思想建设》2011年第12期。

③ 廖爱秀：《论对话理念下师生沟通的策略》，载《当代教育论坛（管理研究）》2011年第2期。

2. 除了同理心策略之外，教师还需要在多方面加强和学生的沟通

史志明在《从教师角度谈新时期和谐师生关系的构建》一文中从教师视角谈到构建和谐师生关系要从提升教师素养及转换其自身角色、树立以学生为本的教育观念两方面入手，认为随着教师队伍整体素养的提高和教育观念的转变与新时期对素质教育的逐步适应，良好的师生关系必然会得以构建。

3. 加强师生沟通的技巧和策略

王引芳的《论师生沟通的技巧》①是一篇价值很高的文章，她从师生沟通中存在的问题、师生沟通的策略、师生有效沟通的途径方式等方面讨论了师生沟通的技巧和手段。与本课题有关的策略，她提出了要充分倾注爱心，充分展现民主，充分发挥语言艺术的魅力，充分构建和学生交流的平台“爱心小屋”。师生有效沟通的方式，有面对面的谈话式沟通、书信交流沟通、周记和作业沟通；电话和网上沟通。师生沟通的方式有课堂上与学生交流，课间沟通、班级日志沟通、通信沟通、活动沟通、间接沟通、批语沟通、赠物沟通、贺卡沟通、建立师生沟通簿或心灵互信箱。

《名师最有效的沟通细节》②一文从语言艺术、行为艺术、心态艺术三个方面谈到教师沟通的策略：语言方面要注意严而有度、语言幽默、情理结合、因势利导、情感尊重等；行为上要因材施教、面带微笑，利用班会和课外活动这个平台；心态上要注意三思而后行、换位思考、坦诚相待，与学生平等对话。

① 王引芳：《论师生沟通的技巧》，载《山西师范大学学报．自然科学版》2011年第S1期。

② 李燕、徐波主编：《名师最有效的沟通细节》，西南师范大学出版社2009年9月版。

刘海燕在《有效沟通——架起师生心灵的桥梁》[①]一文中提到有效沟通的途径和方法：学校师生之间进行有效沟通主要从三个方面着手：一要学会倾听；二要把握时机，因势利导；三要变换方式，巧借网络。

刘大琴在《论如何建立良好的师生关系》[②]一文中从逻辑关系角度指出师生关系是教师与学生在教育过程中以“传道、授业、解惑”为中介而形成的一种最基本、最重要的人际关系，建立良好的师生关系应注意以下几点：①师生交往要以平等为基础，尊重、理解和信任学生；②教师要热爱学生，严格要求学生；③注意加强与学生的情感沟通和交流，努力拓宽交往渠道。

张丽萍的《“积极聆听”在师生沟通中的作用——师生沟通技巧谈》[③]一文认为积极聆听使沟通更加顺畅，积极聆听使学生感受到教师的爱与关怀；积极聆听有助于培养学生独立自主能力。总结来说，积极聆听促进师生关系融洽。在使用“积极聆听”技巧时，要注意四个方面——把握时机、对事不对人、要有耐心、尊重学生隐私，符合3R理论中的“相关”原则。

杨秀亨的《班主任与学生的心理沟通策略》[④]一文提出要建立以解决问题为目的的沟通平台，创立良好的沟通时间和地点，采取

① 刘海燕：《有效沟通——架起师生心灵的桥梁》，载《学周刊》2014年第11期。

② 刘大琴：《论如何建立良好的师生关系》，载《中小企业管理与科技（上旬刊）》2013年第11期。

③ 张丽萍：《“积极聆听”在师生沟通中的作用——师生沟通技巧谈》，载《中小学教师培训》2000年第10期。

④ 杨秀亨：《班主任与学生的心理沟通策略》，载《读与写（教育教学刊）》2014年第11期。

恰当的沟通方法和渠道。在沟通的时候，要明确目的，了解问题成因，强化沟通的效果。最后，要根据沟通、转化的效果，适时调整沟通策略。

李蕊的《浅谈班主任与学生的沟通策略》[①]一文提到几个方面的策略：①了解学生是教育的基础；②要爱学生，才能教育学生；③班主任也要学会“共情”。

魏艳的《浅谈师生沟通的技巧》[②]一文提出教师要准确表达良好动机，尊重并接纳每一个学生，积极聆听学生的心声，批评学生要诚恳，给学生留面子。这四个策略可以帮助建立良好的师生关系，因此能够帮助教育产生效能。

潘晶京、陆佩梦的《浅谈师生沟通的艺术》[③]一文提到师生沟通的基础包括关爱学生、尊重学生、宽容学生；师生沟通的方式包括谈话沟通、动作沟通、书面沟通；沟通的技巧包括：专心倾听学生的话；面带微笑；公正地对待学生。

陈晓红、徐玲的《浅析教学中师生之间的有效沟通技巧》[④]一文谈到有效沟通的前提是换位思考、尊重互信。有效沟通的方式是语言式沟通、非语言式沟通。

---

① 李蕊：《浅谈班主任与学生的沟通策略》，载《读与写（教育教学刊）》2013年第1期。

② 魏艳：《浅谈师生沟通的技巧》，载《武汉市教育科学研究院学报》2006年第9期。

③ 潘晶京、陆佩梦：《浅谈师生沟通的艺术》，载《教育教学论坛》2012年第14期。

④ 陈晓红、徐玲：《浅析教学中师生之间的有效沟通技巧》，载《化学工程与设备》2017年第2期。

邱元英的《师生沟通策略探微》[①]一文提出“接纳并尊重学生、心理投入、共情、情感、期望、心理激励和帮助学生达到心理平衡”的沟通策略。

李静涛的《师生沟通的现状及策略浅析》[②]一文提出教师要转变师生观念，加强自身修养。在学生层面，教师可适时为学生准备心理疏导课：建立新型的师生关系；接纳并尊重学生；理解并宽容学生；真诚赞美并慎用批评。

王航、王帅的《师生有效沟通的价值、现状与策略研究——基于H中学的调查分析》[③]一文通过H初级中学的时政研究，发现了师生沟通的问题，提出了推行外部改革支持、缩小班级规模（外部因素）；梳理正确的师生观；掌握有效的沟通理论与技能（尊重信任学生、善于用非语言形式、学会换位思考、充分利用各种形式与学生进行沟通、善于激励学生、选择恰当的方式表扬与批评学生）。该文的课题研究方向与本课题的研究较为契合，具有指导意义，我们在研究师生有效沟通的时候，不仅要注重内部因素（师生之间），也要注重外部因素（学校因素、社会因素）的考量。

王丽萍的《师生有效沟通三部曲》[④]一文谈道：首先要有爱心，这是师生有效沟通的感情基础。其次，教师要了解和研究学生，掌握沟通的方法和技巧。最后，要实现师生间的有效沟通，教师要给予学生足够的尊重，与学生平等对话，实现双向交流，让学生敢交

---

① 邱元英：《师生沟通策略探微》，载《党史文苑》2011年第24期。

② 李静涛：《师生沟通的现状及策略浅析》，载《教育教学论坛》2016年第6期。

③ 王航、王帅：《师生有效沟通的价值、现状与策略研究——基于H中学的调查分析》，载《当代教育理论与实践》2017年第9期。

④ 王丽萍：《师生有效沟通三部曲》，载《江苏教育》2017年第95期。

流、愿交流。

韩心声的《探索中学师生间沟通的方法》[①]一文就师生沟通提出了三个方面的策略：①沟通的前提是师生相互了解；②沟通的原则是师生求同存异；③沟通的关键是师生彼此尊重。

（四）结合心理学、管理学等多学科建立师生有效沟通方式

在《沟通从心开始——运用心理咨询技巧搭建师生沟通桥梁》[②]一文中，作者赵娜指出教师欲进行有效沟通，要注意以下几点：①树立良好的教师形象；②建立良好的师生关系；③运用倾听的技巧让学生敞开心扉；④有效地询问和适时地自我开放拉近师生沟通的距离。

潘月俊的《先跟后带：师生沟通的有效策略》[③]一文是运用心理学咨询策略“先跟后带”来促进师生关系。“先跟”策略指的是建立亲和感，去肯定和配合对方的信念、价值观，运用当事人自己的感知模式去引导当事人的一种方法，也就是我们俗话说的寻找共同点。具体要做到：①肯定学生的情绪；②附和学生的话语；③认同学生的动机。“后带”指的是“引导”，带领学生去你想去的地方，让学生具备更好的行为和情感体验。

“后带策略”包括：①从学生的期待出发：你希望怎么样？②从学生的局限出发：有其他的可能性吗？③从学生的未来出发：你想有怎样的明天？通过这些策略，能够打开学生的心扉，催化成长动力。

---

① 韩心声：《探索中学师生间沟通的方法》，载《学周刊》2015年第10期。

② 赵娜：《沟通从心开始——运用心理咨询技巧搭建师生沟通桥梁》，载《教育教学论坛》2012年第32期。

③ 潘月俊：《先跟后带：师生沟通的有效策略》，载《中小学心理健康教育》2014年第6期。

邓柳贞的《管理视角下中学师生沟通策略探索》[①]一文认为要从树立平等观念、紧扣学生特点、营造良好氛围三个方面进行中学师生的有效沟通，体现教育教学管理发展的新时代要求。

三、沟通的方法是换位思考

余胜美的《教师在师生沟通中的策略运用》[②]一文中谈到几个策略：①给学生以良好的第一印象；②发挥教师的“期望效应”；③教师要用良好的人格魅力影响学生；④同感策略——与学生沟通的前提；⑤真诚策略；⑥接纳与尊重策略。这些策略能够使真诚、同感、接纳与尊重成为新型师生关系的主旋律。

以上书籍、文章，为课题研究提供了理论背景，让我们认识到，中学师生的沟通要首先从改善教师本身出发。教师要树立良好的教育观，要爱学生、关爱学生、尊重学生，也就是文章多次提到的“沟通”“同理心”“从教师出发，推动师生沟通”等理论。另外，前人的研究还为课题提供了实践的指引，如和学生沟通的策略，有直接沟通策略，还有间接沟通策略（家长沟通、活动沟通等）。直接沟通除了言语的沟通，还有心态、表情、动作、书信等沟通方式，要多表扬学生，少批评学生，要和学生培养共同的兴趣等，要和学生成为朋友，要倾听学生的需求，了解学生的动机；最后，前人的研究除了扎根教育学，还在心理学、管理学等学科多有涉猎。这些学科为本研究的开展提供了心理咨询和引导学生、了解

---

① 邓柳贞：《管理视角下中学师生沟通策略探索》，载《课程教育研究》2017年第34期。

② 余胜美：《教师在师生沟通中的策略运用》，载《中小学心理健康教育》2010年第18期。

学生等技巧，这必将大大丰富我们的教育实践。

然而，以上的书籍和文章有两处不足，为本课题留下了可供努力的空间。

（1）相对偏重理论，案例研究较少。大多数文章直接谈沟通存在的问题，大谈特谈策略，有的举了一些简单的个例，大多没举实际的例子。

（2）案例研究的数量和时长相对有限。前人的研究中，围绕某个中学调查的研究水平较高的有王航、王帅的《师生有效沟通的价值、现状与策略研究——基于H中学的调查分析》，遗憾的是，该案例没有注明时长是多久，且该案例的调查方式主要是问卷法，没有使用访谈法、活动法等其他调查方法。

这些不足启示我们在开展相关课题研究的时候，要长时间地关注于自身，亦即深圳高级中学2018级南校区初一学生的成长；在三年成长的大时段下，充分使用问卷调查法、访谈法、活动法等方法来探寻师生有效沟通的策略。

（深圳市基于3R理论师生有效沟通策略的研究课题组供稿）

目前在学生眼中的师生有效沟通的现状调查及原因分析

为了了解学生眼中师生沟通现状，我们设计了本课题第一份调查问卷。作为研究的前测，此调查问卷的设计目的在于了解师生沟通情况与现阶段存在的问题，从整体上了解3R理论的必要性和可行性，为之提供数据支持与研究方向，并为下一步的个案研究提供支持，帮助筛选研究个案。调查范围是深圳高级中学南校区全体学生，其中，初二学生占比92.88%，为主力对象，男女比例近乎1∶1。调查方式是向全体学生发送问卷星二维码，以匿名方式完成师生沟通调查问卷。

现从以下三个方面总结此问卷结果。

一、沟通不畅的原因

在研究为什么学生不愿意跟教师沟通的原因问题上，结果显示：学生不愿意主动与教师沟通的主要原因有二：一是部分学生（44.18%）性格内向、不善于表达；二是教师方面的问题，工作太忙，没有充裕的时间静下心来沟通（42.88%）。还有少部分学生（26.56%）因为怕被误会为犯了错误，觉得丢脸而不去跟教师沟通。其余学生也表示是出于大家都不愿意和教师沟通的从众心理（14.69%），对教师不够信任，担心教师告诉父母（13.2%），以及因为曾经尝试跟教师沟通无效而不再愿意主动沟通（8.16%）。

为了进一步了解学生不愿意跟教师沟通的真正原因，我们设计的问题结果显示大部分学生（64.24%）认为影响师生沟通不畅的主要因素来自教师和学生双方，31.01%的学生认为是学生单方面的原因，而仅有不到5%的学生认为是教师单方面的原因。这说明学生大多能客观合理地看待师生沟通不畅问题产生的原因，能正确认识到自己的问题。同时，目前师生沟通中当学生犯错误时，教师与学生的沟通方式普遍以肯定为主。有71.36%的同学认为教师持肯定为主的沟通态度，表明大部分教师能为学生制造宽松的沟通方式，善于激励学生，懂得语言艺术，选择恰当的沟通技巧与学生交流。该方式有利于学生克服胆怯、自卑心理，保护学生的自尊心，采用委婉、含蓄的语言对学生进行引导，晓之以理，动之以情，提高学生的沟通积极性。同时，值得注意的是，有25.67%的学生认为教师的沟通态度以否定为主，有2.97%的学生认为教师的沟通态度总是否定。表明有部分教师仍受传统师生观念影响，忽视学生内心情感的体验，以一种居高临下的姿态批评学生，容易导致学生缺乏勇气主动与教师沟通。

二、沟通效果

在沟通效果的问题调查上，问卷结果显示：当出现问题时，有73.59%的学生认为可以通过师生共同协商的方式提出解决方案，4.6%的学生认为谈话最后的结果是由学生自己提出解决方案，但是仍然有21.81%的学生认为谈话后是由教师单方面提出解决方案的。有60.39%的学生认为教师在沟通过后会以鼓励为主的方式解决问题，有26.56%的学生认为教师主要以惩罚方式为主来解决问题，但是也出现了比较极端的选项，8.61%的学生选择“总是鼓励”，4.45%的学生选择“总是惩罚”。在同一问题的沟通频率上，67.95%的学生表示，当问题发生后，教师会就这个问题反复沟通；18.4%的学生表示，当问题发生后，教师会就这个问题多次沟通；只有13.65%的学生表示，当问题发生后，教师只找学生沟通一次后就不再找其沟通了。可见，绝大多数同学认为教师对待学生的问题能够持续跟踪直到问题解决，而不是敷衍了事。在同一问题沟通后的效果上，51.04%的学生在教师进行师生沟通后，能彻底改变自己来解决问题；47.48%的学生有所改变，但无法坚持；只有1.48%的学生显示不做出改变。从数据结果可以看出，师生沟通能显著影响教育效果，帮助学生真正发现并解决问题，促成学生行为的改进。

综合沟通效果所有题目发现，教师与学生之间的沟通整体上呈现出沟通有方法、沟通有跟进、沟通有效果的特点；但也存在问题，学生在沟通过程中没有得到充分的尊重，如解决问题的方案完全由教师提出，解决方式主要以惩罚为主，出现问题后缺乏跟进，最后问题并没有得到实质性的解决。因此，如果教师能在沟通的过程中给予学生充分的尊重和肯定，可使沟通的效果事半功倍。

三、沟通期待

为了了解目前学生对于师生沟通的期待，我们设计了三个问题，分别从沟通内容、沟通地点、沟通方式等多方面了解学生理想的沟通状态，以供本研究中的师生沟通参考。结果显示：约半数（49.85%）的同学期待教师能与自己多沟通，36.05%的同学持无所谓态度，14.09%的同学并不期待能与教师多进行沟通。由此可见，大多数同学还是渴望多与教师沟通交流的；但不可忽视的是，仍有超过半数的同学对师生沟通持观望或不期待态度，说明在学生对师生沟通期望值这一块我们仍有提升空间。

而在沟通内容这一块，问卷给予了学生五个可供选择的维度。76.41%学生期待教师能够围绕学习问题进行沟通，超过40%的同学认为在人生理想、校园课余生活和师生人际关系这一块与教师进行沟通是值得期待的，接近11%的同学选择了其他内容。这体现了学生其实是期待能在多个方面与教师进行沟通的，而学习仍是学生最感兴趣的师生沟通话题，同时大多数学生希望教师通过在校个别谈话或者借助网络来沟通。综合以上结果可知：处于青春期的初中生渴望与教师在学习等方面加强沟通，并对沟通方式、沟通内容有一定的期待，希望在沟通过程中被尊重，沟通内容合理化，这为本课题的研究提供了一定的研究方向。

（深圳市基于3R理论师生有效沟通策略的研究课题组供稿）

目前在教师眼中的师生有效沟通的现状调查及原因分析

班主任问卷调查

老师，您好！为了提升师生有效沟通，为了让我们的工作更有效率，深圳市陈艳红班主任工作室开展市级课题“基于3R理论的师生有效沟通策略研究”。现就基本信息、沟通方式、沟通内容、沟通效果、沟通期待五个方面设计了问卷调查，此问卷不记名，旨在了解目前教师们沟通过程中的一些具体事项。您的真实问卷，将能帮助工作室开展前期工作提供有效的资料，也将为教师们研究师生有效沟通指明方向。感谢您的支持！

（基本信息）

1. 你的性别是？

A. 男　　B. 女

2. 你在哪个年级？

A. 初一　　B. 初二　　C. 初三

3. 你任教的学科是什么？

A. 语文　　B. 数学　　C. 英语　　D. 物理

E. 化学　　F. 历史　　G. 道法　　H. 生物

I. 地理　　J. 体育　　K. 美术　　L. 信息

M. 音乐

4. 你参加工作多少年？

A. 1～3年　　B. 3～5年　　C. 5～10年　　D. 10年以上

5. 你累计担任班主任多少年？

A. 1～3年　　B. 3～5年　　C. 5～10年　　D. 10年以上

（沟通方式）

6. 通常你与学生沟通的状态是什么？

A. 师生都坐着　　B. 我坐着学生站着

C. 师生都站着

7. 通常你与学生以谁为主？

A. 以学生说为主　　B. 以我说为主

C. 师生谈话

8. 通常你与学生沟通时的眼神是什么？

A. 我始终看着学生　　B. 我有时看有时不看

C. 我始终不看学生

9. 通常你与学生沟通的方式有哪些？

A. 面对面谈话　　B. 书面或网络沟通

C. 其他沟通方式

（沟通内容）

10. 你与学生最常沟通的内容涉及哪些方面？（多选）

A. 学生成绩问题　　B. 学生人际关系问题

C. 学生常规问题

11. 当学生犯错误后，你会立即与学生沟通吗？

A. 会，我会当时沟通

B. 不会，我会等学生多次错误后再一起沟通

C. 以上我都曾有过

12. 当学生犯了一个错误后，你会只针对这件事而沟通吗？

A. 是的，仅限于今天的事件，就事论事

B. 不是，我常常会将学生犯的同样错误一并沟通

C. 不是，我常常会将学生犯的所有错误一并沟通

13. 当学生犯错误后，你通常是怎样处理的？

A. 沟通与惩罚并举

B. 只有惩罚

C. 反复沟通不惩罚

（沟通结果）

14. 就某一件事与学生沟通后，由谁来提出解决方案？

A. 我提出　　　　B. 师生共同商量　　　　C. 学生提出

15. 对于学生日常的行为沟通后，解决方案内容通常包括哪些？（多选）

A. 惩罚措施（罚抄、罚站、写检讨、告知家长等）

B. 口头批评教育

C. 引导学生制订改进计划

16. 就某一件事情，你与学生多次沟通后产生的效果如何？

A. 沟通无效，学生仍然继续犯此错误

B. 有一定效果，学生减少了犯此错误的频率

C. 沟通效果很好，学生不再犯此错误

（沟通效果不佳的原因）

17. 你认为师生沟通效果不是很好，主要原因来源于哪些方面？

A. 学校方面　　B. 学生方面　　C. 社会方面

18. 当你反复与学生沟通后，学生仍然不能改正自己错误的原因，你认为来自教师方面的原因是什么？（多选）

A. 沟通方式不当（如语气强硬、方法简单等）

B. 沟通经验不足（如缺乏理论指导、实践操作等）

C. 缺乏良好的沟通心态（如缺乏耐心等）

19. 当你反复与学生沟通后，学生仍然不能改正自己错误的原因，你认为来自学生方面的原因有哪些？（多选）

A. 学生思想层面的问题　　B. 学生习惯养成的问题

C. 学生家庭教育的问题

20. 当你反复与学生沟通后，学生仍然不能改正自己错误的原因，你认为来自社会方面的原因有哪些？（多选）

A. 社会舆论开放，谁都可以对教育说三道四，降低了教师的威信

B. 社会维权意识增强，教师不敢从严管理学生

C. 教育生态系统有待完善

（沟通期待）

21. 你认为沟通最有效的方式是什么？

A. 面对面谈话　　B. 书面或网络沟通

C. 其他沟通方式

22. 如果需要改变一下自己原有的沟通方式，你愿意尝试哪一种沟通方式？

A. 在校个别谈话　　B. 书面或网络沟通

C. 家访

23. 为了让师生沟通更有效，你认为下列哪些方面需要改进？（多选）

A. 教师方面　　B. 学生方面　　C. 社会方面

24. 为了让师生沟通更有效，你急需在哪些方面提升自己？

A. 理论体系方面　　B. 实践能力方面

C. 以上都包括

调查结果分析

1. 基本信息

本次参与调查的66名班主任中，男班主任17人，女班主任49人。37.88%的班主任拥有5～10年的工作经验，近一半（42.42%）的班主任仅有1～3年班主任工作经验，是新入职的年轻教师，也是班主任队伍的主力军。

2. 沟通方式

从沟通方式来看，大多数班主任在与学生沟通时能与学生“平起平坐”，平等对话，并非传统的说教模式，且在谈话过程中始终保持眼神交流。面对面谈话是班主任与学生沟通的主要方式，书面或网络沟通为辅。

通常情况下，班主任通常就常规纪律、成绩及人际关系问题（排序分先后）与学生进行沟通。大部分班主任会在学生犯错后立即沟通，且仅限于当次事件就事论事地进行沟通，以保证沟通的时效性和针对性。但也有少部分班主任会就学生犯的同样错误一并进行沟通，如常规纪律问题，并在沟通的同时，采取相应的惩罚措施。

3. 沟通结果

80.3%的班主任表示，就某一件事与学生沟通时，会尊重学生意愿，师生共同商量解决方案，而非单方面“强权”施策。解决方案的内容通常包括惩罚措施（罚抄、罚站、写检讨、告知家长等）和口头批评教育，并同时引导学生制定改进计划。绝大多数班主任（84.85%）表示与学生多次沟通后，效果明显，学生减少了犯同类错误的频率。

4. 沟通效果不佳的原因

关于师生沟通效果不佳的原因，班主任们认为学生方面（思想层面问题、习惯问题、家庭教育问题等）是主因，其次是社会和学校等多方面的原因。但如果反复与学生沟通后，学生仍不能改正错误，班主任们认为自身也存在沟通经验不足、沟通方式不对或缺乏良好的沟通心态等问题。至于社会因素的影响，班主任们认为主要有三：一是教育生态系统有待完善；二是社会维权意识增强，教师不敢从严管教；三是社会舆论开放，谁都可以对教育说三道四，降低了教师的威信。

5. 沟通期待

近乎全数班主任认为面对面谈话是最有效的沟通方式，但也尝试家访或者书面或网络沟通。为了让师生沟通更有效，班主任们认为需要教师、学生和社会三方面共同努力，并表示愿意从理论知识和实践能力上全面提升自己。

（深圳市基于3R理论师生有效沟通策略的研究课题组供稿）

引导学生自我管理是对学生的一种尊重

在传统的教育管理中，班级管理工作常常是“一言堂”，班主任一人说了算。小到班级座位的安排，大到班纪班规的制定，都是班主任一人决定好，再在班级进行宣布，由全体学生执行。传统的教育管理方式也不错，它能让班级所有学生团结在班主任周围，以班主任为中心，形成班级凝聚力，加强班主任权威。但“一言堂”的教育违背了以学生为原则的教育原则，学生在受教育过程中的主动性和能动性受到压抑，不能驱动学生内在的自我管理和自我教育的潜力。实际上，真正的教育是学生自我管理、自我教育的过程。

我也曾在教育的道路上不断地成长与完善自我。记得我刚大学毕业，那一年我21岁。到了工作岗位，学校就委以重任，任教高三文科班，那年我的学生18～20岁不等。我从农村出来，说实话，穿着还有点土气，缺乏营养，个子瘦小。而我的学生们发育都很好，个头都比我高，比我壮，我在他们面前，从个子上看，我简直就是小妹妹。刚从大学出来，满脑子都是教育学、心理学，都是师道尊严，想要干出一番事业。当我满怀激情地走进教室，学生们看到我这样一个不起眼的人站在教室门口，教室里顿时炸开了锅，纷纷议论，他们在议论什么，那是可想而知的。于是我走到讲台前，桌子一拍，大声呵斥“安静——”。学生们顿时傻眼了，有的捂着嘴小声嘀咕，有的抬头看了我一眼又低下了头，也有几个坐在前排的乖巧的孩子，坐直了身子……待学生们安静下来，我表情严肃地简单介绍了一下自己，并开始一条一条地宣布我拟好的班规。班规读完了，一节课下课了。可后来的班级管理并没有朝着我定的方向发展，违反班规的人越来越多，我的班规要惩罚的学生也越来越多，最后班规变成了一纸空文。

到了第二学期，学生学习任务重，高考压力大，最后变成教室卫生都没人打扫，教室积满了灰尘，于是我拿起笤帚自己打扫。在正常的情况下，教师在打扫的时候，学生会不好意思，都会纷纷抢着来打扫。可当时的场景是，大部分学生视若无睹，有个别学生会提醒“老师，这里还有灰尘”，甚至有一个学生嘀咕着“我们在学习，弄得教室这么大的灰尘！”这就是我的第一届学生，我完全得不到学生的支持与认可。许多矛盾积攒在一起就会爆发。

有一个美术生，他父亲是个小小的美术家，儿子遗传了优秀基因，美术方面也很有才华。这是出生于一个书香门第的孩子，受到了良好的教育，也懂得师道尊严，平常对我还是蛮支持的，起码表面上是支持的。可他有一个不好的习惯，就是留着长长的头发，刘海盖过眼睛，三七分，和当年《上海滩》里一些头目的发型还蛮像的。因为他的发型，每周班级都要被扣分，于是我告诉他：“你该剪头发了。”他答应了，第二天仍然纹丝不动，我再次找他：“你怎么不剪头发呢？”他答应了，可是第三天仍然没有剪。这样僵持了一周之后，我实在忍不住了，当着全班同学的面：“你剪不剪？你再不剪，以后你的事情，我再也不管了！”全班鸦雀无声，男生一下就冲出了教室，狠狠地撂了一句：“我不剪！”男生冲出去后，正好遇到了我当年的师傅张老师，张老师将我和男生一起叫到办公室。张老师简单地和男生交流了几句，张老师的那几句话我至今难以忘怀。

“你是个美术生，对美的构图比我们都厉害。你看，你的脸很小，很精致，五官长得很好，我们从美学的角度，你分析一下你的发型与脸型的比例是否协调？”

“脸小，头发太长了！”

“你从美学的角度，重新为自己的脸部设计一个合理的比例结构图，你认为可以改变哪里的比例？”

“五官动不了，那就只能动头发。”

“是的，明天展示一下美术生的真正技能！”

男生快乐地离开了，张老师转身对我说：“你和学生差不多年纪，个子还没他们高，你要学会与他们做朋友，他们才能听你的！”

让这名美术生理发的事情，给了我很大的震撼，我突然醒悟了。我花费了所有心血的班级，早上6点到班组织早读，晚上11点学生就寝后我才回家，可是我却得不到学生的支持与认可。我深深懂得了，只有将教育的自主权交给学生，才能真正地发挥学生的自主能动性，也才能真正管理好班级，才能真正得到学生的支持。自那之后，我将班级的各种事务的决定权交给学生，让学生和我一起共同管理班级。

比如排座位。我召开班委会，由班委会制定出班级座位安排的原则。将这一任务交给学生后，班委会成员非常积极踊跃。有的说要考虑高矮，如果个子高的同学坐在前面，会挡住个子矮的同学视线，看不见黑板；有的同学提出疑问，个子高的但是近视怎么办呢？于是同学们纷纷出主意，由班长出面建议同学配合适的眼镜来解决；有的同学又提出担忧，一个座位长期坐，容易引起斜视怎么办呢？班委们决定座位实行轮换；有的同学提出男女生搭配着坐，因为青春期的学生，男生之间很容易发生矛盾和纠纷，为了避免同性之间的矛盾，建议男女生尽量搭配着坐；还有的班委提出班级座位要体现班级和谐向上的班风，将成绩好的和成绩落后的学生搭配着坐，实行一对一的帮扶活动，这样让班级整体都能进步；还有的同学提出活泼的与安静的同学搭配着坐，因为活泼的同学容易影响周边的学生，实行动静相互搭配，可以稳定班级秩序。有一个班委提出：如果有家长提出需要照顾孩子的座位怎么办？班委们商量，只要家长能说出照顾座位的三条理由，就给予照顾，否则一视同仁。

在班委七嘴八舌的思维碰撞中，一直到晚上6点多，班级座位的轮廓初步排出来了，班委们很兴奋，将手写的座位表交给我审核，并将座位安排的几大原则写在座位表下方：①高矮原则；②男女搭配；③动静相宜；④共同进步；⑤定时轮换。班级座位表公布后，没有学生提出疑问，也没有家长提出需要特殊照顾。

学生自主排座位的过程，充分体现了学生互帮互助、团结友爱的班风班貌，在这个讨论的过程中，更体现了学生班级主人翁的角色，让学生学会自主管理，学会集思广益，学会多视角、多层次地分析问题，让他们在分析处理问题的过程中，学会倾听、学会表达、学会思考。

不仅班级座位我实行学生自主管理，班级的LOGO、班级规章制度都由学生来讨论、设计，作为班主任，我只提出我的构想并做最后的审核。为了能很好地落实班级规章制度，班级还制定了量化管理评分细则，并设计了小组每月评分表、个人每月评分表和常规管理告知书。

实行班级学生自主管理，就是做到人人都是参与者、管理者、监督者，每个人都是班级的主人翁，每个人都有权利对班级管理提出自己的看法与建议，同时每个人也有义务维护班级的荣誉，遵守自己参与制定的规则。这样既培养了学生的自主管理能力，又增强了班级凝聚力，也减轻了班主任管理的负担。

我想，学生自主管理的过程，就是对教育的尊重，尊重他们的自主能动性，尊重他们的思想，尊重他们的权利。

附件：深圳市高级中学（南校区）2016级初一年级5班管理制度

班级LOGO：V5。

（这个LOGO的含义在于：威武。因为是5班，我的名是艳红，所以LOGO的颜色用的是艳红色。LOGO的含义是在艳红老师的带领下，5班的全体学生顽强拼搏、傲然威武。）

班训：入室即静，入座即学。

（诸葛亮说："非学无以广才，非静无以成学。"一个人只有排除杂念、专心致志，将智慧、灵感全部集中调动起来，才能有所创造、有所成就。"入室即静，入座即学"就是指进入了教室，就要安静下来，不要讲话，坐在位置上，就要开始学习，不要开小差。）

班级管理目标

学习气氛浓，自觉性强；纪律稳定，言行规范，基本没有损害学校和班级形象的事情发生；绝大多数同学心理健康，积极参加集体活动，体现团结拼搏、自强不息的团队精神。

班级管理办法

班级管理采用量化管理的办法，量化管理基础分为60分。

一、学生考勤管理制度

1. 按《中学生守则》和《中学生日常行为规范》规定，学生必须按规定时间离、返校，不迟到、不早退、不旷课。

具体到班时间：早上，每周一升旗仪式7：20前；每周二至周五7：25前；中午14：05前。

2. 学生在校期间因事、因病确需请假，班主任或校医先与监护人通电话，并由监护人发送短信请假留言给班主任或校医，通话后，班主任或校医方可开具请假条。

3. 学生因病不能按时返校的，监护人必须到校请假，监护人不能到校请假的，需要电话短信请假；病假，需要出具医院就诊单发给班主任；无故不到校者，作旷课处理。

4. 请假一天：向班主任请假并出具证明；请假一天以上三天以下：向年级请假并出具证明；请假三天以上：向学生处请假并出具证明。

二、校园卫生管理制度

1. 教室地面保持整洁，无纸屑、痰迹及其他杂物（包括教室外走廊地面），个人负责自己座位区域卫生，当天值日生负责自己卫生区的卫生，卫生委员要认真负责监督，做好工作记录。每位同学都有责任和义务为班级卫生做贡献。

2. 窗台、投影设备无灰尘。黑板槽内无积尘，课间值日生及时擦干净黑板。课桌、椅排放整齐，讲台保持干净，桌椅上无乱涂乱刻痕迹。

3. 卫生早、午、晚打扫，保持全天整洁。

4. 卫生委员检查合格后，方可离开。

三、学生礼仪规范

1. 着装整洁得体，校内一律穿着校服。不烫发、不染发、不涂指甲油、不打耳洞、不佩戴首饰。

2. “请、您好、谢谢、对不起、没关系、再见”等礼貌用语常挂嘴边。

3. 上、下课起立，师生互致问候；上课，发言先举手；课间进教师办公室，要报告或轻敲门，经允许后再进入；离校与教师、同学道别。

4. 参加集会守时肃静，认真听讲；听报告或观看演出比赛，适当适度鼓掌致意；进出会场注意整齐有序。

四、课堂纪律常规

1. 上课预备铃声一响，要迅速、有序地回到自己座位，书本、文具放在课桌左上角，静候教师上课。迟到，要向老师报告，经老师同意后，方可入座。迟到超过10分钟的作旷课一节处理。

2. 上课坐姿要端正，认真听讲，积极思考，记好笔记。

3. 上课时不准做与本节课内容无关的作业；不准看小说及其他刊物；不准随便讲话、插话；不准做小动作。

4. 在校期间，一律不允许使用手机，一旦发现没收，直到毕业才可以申请领回。

五、学生行为安全规范

1. 上学、放学路上遵守交通规则，注意交通安全，切忌并排骑车、嬉戏打闹、飞速超车。

2. 课间举止要文明，进出教室、上下楼梯、出入人群拥挤场合，不争先恐后，不嬉戏打闹，不能持器械、锐器追逐。违者予以严厉惩罚。

3. 不在教室内私自使用充电器，不得自行修理或拆装日光灯、电器插座、电风扇等电器设备，严禁随意使用多媒体。

4. 教室无人时，要先关闭门窗、灯、电风扇、空调等。

初一年级5班班委会

教育时用语规范是对学生的一种尊重

著名女作家毕淑敏曾在一篇题为《不准唱歌》的文章里讲到一个发人深省的故事。童年时代的毕淑敏参加学校的歌咏比赛，排练中因跑调被毫不客气地指责为“一颗老鼠屎坏了一锅汤”，并且为了队形需要，老师要求她在以后的训练和比赛中“只张嘴不发声”。同时，心气不顺的老师还“捎带”地迁怒于她的身高，“毕淑敏，你小小年纪，怎么就长了这么高的个子？”老师的一句无心之语，却带来十分严重的后果，其一，在此后的几十年里，毕淑敏再也不会唱歌了；其二，“从此这个姿势（弓脖子塌腰）贯穿了我整个少年和青年时代，总是略显驼背”。这是教师用语不规范的典型案例。

一句不规范的话负能量的话，可能对孩子产生巨大的心灵伤害，让他从此破罐子破摔。每一个学生因为不懂、不会才来学习的，如果每个学生什么都会了，还要老师做什么？那么面对学生的不完美，是像毕淑敏老师的音乐老师这样挖苦吗？不，这会大大伤害了孩子的自尊。讽刺、挖苦、羞辱，可能在老师这里看来只是一句玩笑话，但在学生年幼的心灵里，却造成了摧毁性的伤害。

做名班主任工作室主持人的时候，我曾经接触了许多来求助的学生，他们中有初中生也有高中生。其中一位学美术的女生，美术基础不是很好，老师要求美术生利用假期的时间每天作画，开学的时候将所有的作品交上来。女生自知需要努力勤奋，假期的那一个月，每天大部分时间都花在画画上，按照她自己的话说：脑子里只有画，感觉做梦都在画画。女孩投入了自己所有的精力与时间，自认为这一个月提高很大，对自己的作品颇为满意，兴高采烈地交作品给老师，原以为老师会肯定鼓励。但是没有想到，当老师点评该生作品的时候，扫了几眼，一脸嫌弃毫不留情地说：“都画些什么？”。女生一下子五雷轰顶，原本状态不好的她，情绪一下子跌入低谷，很长时间自我认知相当低，甚至伤害自己，不得不入院治疗。

这样的事例，在一线工作中有很多很多。比如学生舞弊了，很多老师在班上有或多或少表达过这样的意思：“学生作弊，无异于偷东西。你今天可以在学校抄袭别人的，明天走入社会，就可能盗窃别人的成果。”

从毕淑敏的亲身经历可以看出，一句不规范、负能量的话，可能对孩子产生巨大的心灵伤害，让他从此破罐子破摔。每一个学生都是因为不懂、不会才来学习的，如果每个学生什么都会了，还要教师做什么？那么面对学生的不完美，是像毕淑敏的音乐老师这样挖苦吗？不，这大大伤害了孩子的自尊，讽刺、挖苦、羞辱，可能在教师看来只是一句玩笑话，可是在学生年幼的心灵里，却造成了不可磨灭的，摧毁性的伤害。

也许本文中的第二个案例是少数，但在我们生活中，像第一个案例却并不少见。我们小时候，爸爸妈妈经常告诉我们一句话：“小时偷针，大时偷金。”这些话语，是想提示孩子不要作弊或者偷窃，但是这些话语，也将作弊者和拿东西者钉在同一耻辱柱上了。

美国著名教育心理学家吉诺特博士说过这样一段话：“在经历了若干年的教师工作之后，我得到一个令人惶恐的结论，教学的成功和失败，‘我’是决定性的因素。我个人采用的方法和每天的情绪，是造成学习气氛和情境的主因。身为教师，我具有极大的力量，能够让孩子们活得愉快或悲惨，我可以是制造痛苦的工具，也可能是启发灵感的媒介。我能让人丢脸，也能叫人开心；能伤人，也可以救人。无论在任何情况下，一场危机之恶化或解除，儿童之是否受到感化，全部决定在我。”

是啊，教师作为一个教育工作者，不经意间的一句表扬，可能化腐朽为神奇，让孩子欣喜若狂发愤图强。也有可能因为一句不经意的批评而毁人一生。

我们在工作中，有许多教师确实不注重自己的言行。有一个学生相当胖，学生很自卑，成绩很差，教师竟公然在班级群里不点名地说个别同学使全班平均分拉低了2分，甚至在教师会议上公开指出“这个学生是哪位领导介绍来的？让领导自己来教或者转走吧！”有时候班级没有考好，在我们身边，是不是经常听到这样的声音：“你怎么这么笨？”“你蠢得和猪一样！”“你根本不学习！”“你从来……”这样的话语不是侮辱学生，就是以偏概全，严重打击学生的积极性。教师的这些话语，都相当不规范，因为会引起学生反感、家长投诉。其实我们在工作中，但凡家长的投诉，很多是因为教师用语不规范，伤害了学生的自尊，引起了家长的不满。

小严，是我中途接班的一个学生。当时已经是初三第二学期，只有两个多月就要中考了，因为原班主任生育请假，学校绕了一圈都没有找到合适的班主任来代替。我接到这个班时，才理解了学校为什么绕了一圈，舍近求远找到我跨校区来做班主任了。接手时，班级是个这样的班级：早读时间吃早餐，班主任说早读时间不能吃早餐，如果要吃，请到教室外面吃完，会有一群学生说“早餐不让吃，这是不人道的！”“外面走廊有灰尘，让我们在外面吃是不卫生的。”有一个学生课堂上嗑瓜子，班主任反复提醒后仍继续嗑瓜子，班主任公开点名提醒，家长第二天打电话给班主任，说：“老师要学习西方的民主教育！”在这样一个班集体里，学风不正、班风不正，是非观念混淆。来到这个班级后，我发现，所有负能量的声音都来源于一个叫小严的同学。小严成绩在班级数一数二，伶牙俐齿，一般的教师根本说不过。当然，教师说不过的原因，不是教师水平不够，而是教师没有他脸皮厚。小严是官二代，他身边有三个铁哥们儿，不是官二代就是富二代，他是老大，他说什么就是什么，因此小严和他的团队主导着整个班级的舆论走向。我一来到这个班级，第一节课，就听到小严带头说“我们要原来的班主任”。之后的班级管理，可想而知，我说什么不是什么，我做什么不是什么，我推行一个正规的决定来扭转这个班风，他总会带领全班同学跳出来说“我们以前的班主任不是这样做的”。我私下多次找小严谈话，他不是仰着鼻子就是梗着脖子，要么就是说一番颠倒黑白又让你难以反驳的话来对付。说实话，这是我工作10多年来遇到的最难“啃”的骨头，最难相处的学生。那段时间，我常常失眠，常常做噩梦，梦见自己被学生欺负，一段时间，我想放弃，也有教师在一边宽慰我“不必那么认真，两个多月就中考了，考得好考得不好与你有什么关系呢？这是三年来形成的班风，不是你两个月就能改变的”。

这不是我的性格，我决定拿下这座大山，我去研究分析观察小严，有几天，我只是默默地观察，默默地思考，终于有一天中午，我坐在电脑前，突然想到写信。我给小严写了一封信，在信中我坦诚地向他讲述了班主任在学校的难处，并肯定表扬了他个人的许多优点和长处，也明确地指出他犀利的言辞可能给别人带来的负担和压力，这对于他个人的魅力有所折损的事实。最后提出一个建议：你作为班级的风云人物，班风的舆论走向很大程度上在于你的一念之间，你是希望若干年后全班同学能记住小严你的好呢？还是愿意大家记着你曾经的不足？如果你希望是前者，我相信你有能力做到，那么老师建议，你和你的兄弟们在班级起到一个良好的带头作用，今后同学们会感激你们，这是你们的机会，中考前的机会！

一封信，我悄悄地让一位女生带给了他。说实话，写完这封信后，我不知道会是怎样的结果，也许他第二天便会带着这封信在全班同学面前炫耀，以此来讽刺挖苦我。但我已经做好了最坏的打算，就是离开这个班级，承认我自己的失败。第二天，当我走上讲台，班级安静了，后来慢慢地，课堂上有了附和的声音，当我再宣布某一项规定的时候，再也没有人起哄反对，相反地，慢慢地开始有了支持的声音。到了毕业考前那一天，小严竟然带着他的三个兄弟一起向我鞠躬，对我表示感谢，和我告别。

那一刻我知道了，如果我当时打压、指责、批评甚至谩骂他是刺儿头，结果会是什么，一定是我越来越在班级站不住脚，越来越得不到学生的支持与拥护，学生一定会越来越让我难堪。而我在信中，没有任何批评与指责，而是坦诚沟通与交流，终于获得了学生的支持与认可。我想，在工作中，无论多调皮的学生，只要你肯给他一次机会，更是给了老师一次机会。我们的教育，往往就是在学生犯错的时候体现出宝贵和价值的。

同样一个学生，胖孩子，当个别教师在挖苦讽刺的时候，我却给他写了一封信，在信件中告诉他“我不是懦夫而是精英”；个别教师在对他冷眼相对的时候，我会走到他面前，翻翻他看的书目，并给他推荐一些我喜欢的书籍。这个孩子，任何课都可能趴着睡觉，唯独我的课，他从不睡觉；虽然他也不听课，但他会拿出我推荐的书目来读，过一段时间，会让家长再找我要新的书目。有一天中午，我留了学生在教室里重新听写，意想不到的是，从来第一个跨出教室门的他，竟然也和其他同学一样留在了教室里。这就是教育，当一个学生信任你、依赖你时，你的教育就发挥了作用。

苏霍姆林斯基曾说："教育技巧的全部奥妙在于如何欣赏和爱护学生。"是的，哪个学生自甘落后？哪个学生愿意被人看不起？哪个学生不渴望被关注被欣赏被表扬？哪个学生不希望自己站在聚光灯下成为最闪耀的那一个？但是因为种种原因，尤其在我们现有的教育体制下，有的学生确实未曾体验过成功的快乐。那么我们的教育，在于要关注每一个学生，尤其对于落后的学生，要规范用语，激起他们战胜自我、自我教育的信心与勇气，我想，这就是教育最大的尊重。当然，我们的教育不是万能的，我们在工作中常常不能改变一个学生，但起码当我们规范用语的时候，我们不会伤害一个幼小的心灵。

教师躬身示范是对学生的一种尊重

一日，孔子乘着一辆马车周游列国。来到一个地方，见有一孩子用土围成了一座“城”，坐在里面。孔子就问：“你看见马车为什么不躲开呀？”那孩子回答：“人们说您孔老先生上晓天文，下知地理，中通人情。可是，今天我见您却并不怎么样。因为从古至今，只听说车子躲避城，哪有城躲避车子的道理呢？”孔子愣了一下，问：“你叫什么名字？”孩子答道：“我叫项橐。”孔子为了挽回面子，就想出了一连串问题来难项橐，但都被项橐巧妙地化解了。孔子觉得这孩子知识渊博，连自己也辩不过他，只得长叹一声，俯下身子对项橐和蔼地说：“后生可畏，我当拜你为师。”回头对弟子们讲：“三人行，必有我师焉。要不耻下问。”经孔子这一褒奖，项橐便名扬九州，震动朝野。这就是著名的孔子相师的故事。

我国著名教育家张伯苓，1919年之后相继创办南开大学、南开女中、南开小学。他十分注意对学生进行文明礼貌教育，并且身体力行，为人师表。一次，他发现有个学生手指被烟熏黄了，便严肃地劝告那个学生：“烟对身体有害，要戒掉它。”没想到那个学生有点不服气，俏皮地说：“那您吸烟就对身体没有害处吗？”张伯苓对于学生的责难，歉意地笑了笑，立即唤工友将自己所有的吕宋烟全部取来，当众销毁，还折断了自己用了多年的心爱的烟袋杆，并诚恳地说："从此以后，我与诸同学共同戒烟。"果然，从那以后，他再也不吸烟了。

言传身教、躬身示范，要求学生身体力行，做学生的楷模，要求学生做到的事情，教师首先自己要做到。小到班级建设，大到师德师风建设，都需要教师充分发挥示范引领作用。

然而经常发现有这样的现象存在：有的班主任只发号施令，要求学生做这做那，安排家长忙东忙西。充分发挥家长作用，减轻班主任工作量，这无可厚非。但是当家长过多参与班级事务、学校事务的时候，家长就难以准确地定位自己的角色，常常会出现家长干涉班级事务甚至个别班级班主任被架空或者毫无威信的问题。校体育节，进行方块队训练，家委请来教官到校园里进行训练，班主任却操场都不去，坐在办公室里享受，对于这样的班级，教官教得再专业再用心，都拿不到好的成绩，班级风貌不够精神、不够有气势。因为班主任都不在场，对于学生来说，就觉得这件事情不重要，既然班主任都不重视，学生凭什么要重视啊。比如，合唱比赛，有的班级请来了两位声乐老师，一位教唱歌，另一位排队形，班主任袖手旁观，甚至都不出现在现场，或者只是偶尔出现一下，看两眼就走了，这样的合唱比赛，请再多音乐老师都没用，一定是一盘散沙，学生纯粹是应付、敷衍。只有班主任真正将工作落到实处，起到躬身示范的作用，要求学生做到的，班主任首先自己要做到，才能发挥教育的作用，才能让学生对班主任发自内心地佩服。在工作中，很少有教师当甩手掌柜而被学生敬重的，除非你有魏书生老师一样的教育智慧和教育技巧，除非你有李镇西老师一样的教育热诚和教育方法。

有一年我中途接了一个班级。这是一个学习成绩很好的班级，学生思维活跃，有主见、有个性，只有5位女生。接班之前的班主任是位男教师，教育教学理念先进、个人魅力强大，但是不太注重班级细节管理，什么事情布置给班长就了事，至于有没有反馈，反馈后有没有落实，通过表现出来的班风就可见一斑。前任班主任带领班级一年半，没有拿过一次流动红旗，班级垃圾成堆，每一个科任教师进教室上课，先要对卫生发一通火，因为讲台上摆满了杂物，教师放书本的地方都捉襟见肘。男生们更是无法无天，已经不能用调皮形容了，而是品行不端。一天生物课，做鱼的解剖实验，学生们都从家里带来了小鱼，一位男生将一条鱼偷偷地放到了一位同学不透明的保温杯里，当该同学拧开杯盖喝水时，吓得魂飞魄散。吃完的口香糖，黏在别人的凳子上，上课时别人一屁股坐下去，裤子和凳子黏在一起。打开的QQ糖，“啪”地丢到人家头发上。在别人书包里放响炮，一翻书包，“砰”的一声炸裂。教室的门锁从来就没有好过，刚刚修完就被踢坏……

面对这样的班级，如何改变？我进到班级，第一句话是：“你过去是否优秀，我不知道，也与我没有关系，因为我不曾参与。从今天开始，你是否优秀则与我密切相关。如果你优秀，请证明给我看；如果你不够优秀，也请证明给我看。我要求你们做到什么，我自己会做到；如果我没有做到，你们可以不按照我的规章制度来做。”我将班级迟到、卫生这两个看得见的工作摆在首位，并宣布：“从明天开始，7：25到班级，谁比我晚到，都算迟到。”

第二天，我7：20到达班级，提前了5分钟。全班同学都黑压压地坐齐了，只有一个学生的座位是空的，班长向我解释，这位同学住得很远，在不塞车的情况下，都要开车30分钟。我耐心地在教室里等待这位同学的到来，果不其然，这位同学7：24气喘吁吁地到达教室。我带头用热烈的掌声欢迎这位同学落座，“我了解了一下，全班住得最远的就是小华同学，开车至少需要30分钟，其他同学都比他住得近。以后只要小华到班了，你就没有任何理由迟到。”小华成了班级的标杆，他不得不加强对自己的要求。自那以后，他每天早上7：20前就会到班级，甚至更早，因为我和小华的示范作用，班级迟到问题就这样轻而易举地解决了。

垃圾成堆的问题，又是一个棘手的亟待解决的问题。放学后，我留下20个同学，我用自己的钱买来去污粉、钢丝球、地刷等，将工具和任务分配给每一个学生，我自己卷起袖管，拿着钢丝球，一点一点地教学生刷墙体、刷地面。看着老师大汗淋漓，学生都觉得很不好意思，在学生自己刷完一块地面与以前地面对比时，许多学生感慨："原来，以前的地面是这个颜色啊！"每刷一寸地面，他们都能获得很大的成就感。两个小时下来，教室基本做到了窗明几净，宽敞明亮了很多，看起来特别舒服。第二天早上，全体同学来到班级，都感觉像换了一个班级。我问："在这样的环境中学习，你的感受是什么？"我随机问了几个同学。在表扬了昨天劳动的学生之后，我提出要求："以后的卫生，就是这个标准！"

迟到、卫生这两大难题解决了，再加上班级规章制度的完善和班主任、班干部的示范引领作用，我接班的第一周就拿到了流动红旗，学期末被评为五星级班级，做到了前任班主任认为不可能做到的事情。

而一个班主任，想要得到学生的尊重与拥护，一定得有一些金点子，能让班级在比赛中获得很不错的名次。每一届新初一，都要有班级文化建设。我自己设计、自己构想，家委配合，每年我的班级布置，基本都是“样板房”。每一年的体育节开幕式，我从不要任何人参与，我自己带领同学们设计口号，自己训练方块队，我要求学生做到正步走，我自己带头正步走。我一个40多岁的老师都能做到的事情，一个13岁的学生没有理由做不到。艺术节，同样地，我和学生们挑选班歌，我自己训练学生，合唱不需要什么技巧，不需要专业的音乐老师训练，不走调、声音洪亮、整齐就是胜利的法宝，所以我都会带着学生一起放开嗓门大声唱出来。每年的20人21足训练，也都是我自己亲自训练。在我躬身示范之下，学生们没有要逃离的，都感觉能为班级争取荣誉是无比高尚的。所以我带的班级，在各项比赛或者评比中，都能获得不错的名次。当班级的名次一次又一次地在全校广播里响起的时候，学生的荣誉感、集体观念大为增强，他们都以自己能在陈老师的班级学习而骄傲。家长们也对我佩服得五体投地，也从未有家长对我提出过任何问题，他们都给予了我最大的支持与配合。

这就是一个班主任躬身示范的作用，它不仅能起到示范带头的作用，成为学生的楷模，还能加强班级凝聚力和良好班风的建设，更能获得学生的尊重，获得家长的支持。因为一个躬身示范的教师，一个要求学生做到自己首先做到的教师，对于学生来说，就是最大的平等，就是最大的尊重。

一个教师长得漂亮能吸引学生，幽默风趣能吸引学生，能说会道能吸引学生，但最能吸引学生的是一个教师的人格魅力。教师的一举一动、一颦一笑、一言一行都是魅力，都是教育。我们常常发现，哪个班的学生就像哪个教师，因此，我们每一个教师需要用知识、素养、文化、魅力征服学生、教育学生，而所有的这些，都离不开教师的躬身示范。

善待学生是对学生最大的尊重

我2019年8月1日参加了深圳市市直属学校年度教师比赛，分为书面材料60%和现场评审40%，现场评审为5分钟视频+5分钟演讲+3分钟现场答辩。为这场比赛，我准备了两个月，请电视台专业拍摄的视频非常精美；5分钟演讲请了多位国内非常著名的专家为我指导，加入了我自己独特的方式，现场赢得了阵阵掌声，颁奖的时候，领导特别和我说“你讲得太精彩了”；3分钟答辩：我的答题是结合自己的工作经历，谈谈怎样既做经师，更做人师。按理来说，这是一道送分题，我20年班主任工作经历，单讲我是如何通过主题班会的方式引领学生这方面，我已经做过多次经验介绍了。这是囊中之物啊，更何况只需要3分钟呢！可是现场，我拿到题后，脑子一片空白，什么都想不起来，什么都说不上来，傻傻地站在那里10多秒，于是逼迫着自己开口，慷慨激昂地讲满了3分钟，计时工作人员敲响了3分钟的铃声，我突然意识到“工作经历”，于是才机智地补上一句：“这就是我现场演绎如何既做经师，更做人师。”可是时间已经到了，我已经没有回答的机会了。回到家后，我看了一下自己的题目，懊恼不已，哭了整整一个晚上加一个早上。伤心过头，对于我来说，不是一个简单话语，而是真实的存在，我一哭就会头痛欲裂。那一夜一早，我吃了3片止痛药。恨自己愚笨，恨自己没用，觉得没脸见人，没有脸面对同事、家长和学生。第二天早上，我一边哭，一边突然顿悟了：我作为一个身经百战的教师，面对考试，众目睽睽之下，我都不能从容不迫，我脑子都会空白、思绪会混乱、事后会懊悔不已，更何况我们的学生，才10多岁的孩子们呢？当他们如我一样紧张、如我一样不知所措、如我一样犯了错，我们要怎样处理和应对呢？

去年我参加名师高端研修班跟岗学习，在武汉一所名校跟岗。进入学校映入我眼帘的是宣传墙上大大地写着“激励教育”好孩子是夸出来的：情容内驱、行容需要、涵容不足、兼容多元。走进展览室，两面荣誉墙上挂满了各种匾牌：×××名校；×××示范基地。和接待的校长聊起他们的“激励教育”，校长告诉我们，这是学校的办学理念，从每一个教师到德育课题，都采用激励的方式鼓励学生；每班每月一个主题激励学生，并展板表扬。与校长交流后，让我对这所名校越来越好奇，也越来越想从教师身上学习到许多技能与本领为我所用。

走进教室，今天听的是一节语文课，七年级的课文《狼》。老师一开头是这样说的：昨天写了习作，习作的质量真是越来越低，我们有两位同学习作的题目是一样的，“天冷了吃火锅”，为什么会有同样题目的两篇作文，大家可以自己思考一下（很明显，对学生的不信任）……陈××，我对你已经忍无可忍了，真的已经忍无可忍了（老师为何要反复强调？），你太不像话了，你看你写的是什么？我给大家念念……老师念的过程中，学生时不时哄堂大笑，接着老师放下陈同学的作文本，“陈××的作文为什么这么差？因为没有过程，老师和你们说过很多遍了，记叙文的过程要具体，陈××的作文具体了吗？他用的是文言文的笔法……”之后课堂的40分钟，老师还提到陈××的作文几次。（点名批评一次还不过瘾，为何一节课要反反复复地拿陈同学做反面典型？）

我当场在听课笔记上写下“善待”二字。可笑的是，下课后，我问校长：“这位老师教学水平怎样？这个班级学生状况如何？”校长回复我：“这是七年级语文备课组长，她的教学水平很高，语文成绩最好；这个班是第一梯队的班级，也就是经过考试选拔的学生。”

我一笑了之，最好的学校，最好的班级，最好的老师，最好的学生，“激励教育”，这些美好的词语，怎么和今天这节课挂上钩啊？暂且认为校长所说“要期中考试了，这只是一节常规课”是合情合理的，也先不讨论这节课基本是教师一个人在上面眉飞色舞、学生在下面依样画葫芦的教育形式有多low，我只想问这个老师一个问题：你是否善待了你的学生。

李镇西老师在《做最好的老师》一书中写道：每当我自以为“雄辩”、自以为“尖锐”、自以为“辛辣”的时候，学生的面部表情满不在乎而心灵却在哭泣。更有甚者，有的学生可能已经习惯于我的嘲讽而无动于衷了，所谓“哀莫大于心死”——这更是教育的悲哀。是啊！我想，小陈同学默不作声，大概已经麻木了，这就是我们的教育，可悲可叹！

对于一个教育工作者，教育失误是难免的，因为经验不足、情绪冲动、方法简单、奖惩不当等，但最不能原谅的是，一个教师对学生心灵的伤害、自尊的鄙视。我想，陈同学在课后会成为同学们的笑柄，陈同学在以后的语文课堂上再也抬不起头来，他颜面何在，自尊何在？再想深入一点，不仅语文课，其他课，他再也找不到存在感，可以断定的是陈同学的语文基本废了，其他科目也好不到哪里去；陈同学这个人基本就被教师给毁了；我心疼陈同学，都忍不住想课后拥抱一下这个才上初一的孩子。一个12岁的孩子，人生才起步，对未来还有许多的幻想与期待，他得需要多大的心理抗压能力来消化教师的这番蔑视，内心得需要多强大才能忍受教师的这番指责。

苏霍姆林斯基在谈到学生自我教育时，谆谆告诫年轻的教育工作者："年轻的朋友，请记住，这是一种非常脆弱的东西，对待它要极为小心，要小心得像对待一朵玫瑰花上颤动欲坠的露珠，因为在要摘掉这朵花时，不可抖掉那闪耀着小太阳的透明露珠。要培养自尊心，只能用最温柔细致的教育手段，自尊心是不容许采用粗鲁的、强有力、凭意志的手段的。"

李镇西老师在《做最好的老师》一书中写道：教育是心灵的艺术。教育的对象是活生生的人，是有思想有灵魂的生命，是期待着汲取营养而成长的一群孩子。既然这样，教育的过程就不是技巧的施展，而应该是充满人情味的；教育的每一个环节都应该充满对人性的理解，对人性的包容、尊重与感染。就专业水平、认知能力等方面，我们教师远在学生之上，可单单就人格而言，每个人都是平等的，教师没有任何权利可以凌驾于学生人格之上。

我们的学生，因为不懂才来学习，如果什么都懂了，还需要教师做什么？当然，在教育的过程中，我们会有许多不尽如人意的地方，但是我们的学生都怀着一颗包容的心来面对教师的种种错误。有的教师的课堂几十年不变地照本宣科，没有创新性，我们的学生一节课忍耐下来，一周忍耐下来，一学期忍耐下来，你教他多久，他就忍耐了多久；你还要怎样？当你日复一日、年复一年地不做准备时，学生上课捣乱了吗？上课批评你了吗？一节课40分钟，一年他需要忍耐你多少分钟，几年下来他需要忍耐你多久？可学生们没有说二话，他接受了你的懒惰，接受了你的不思进取，原谅了你的平庸，宽容了你的不负责任。如果换作你的领导做报告长篇大论且言之无物时，你是怎么做的？你要么是讲话，要么是玩手机，要么是睡大觉，这只是一场讲座，如果天天如此，你会如何？所以，从这件事情来说，我们的学生比我们教师要大度，学生的道德品质在教师之上。比如，学生犯错误了，我们将学生叫到面前，劈头盖脸地一顿痛骂，有的教师声音洪亮到整栋教学楼都听得见，唯恐别人不知道你在做教育，你的教育做得是那样的痛心疾首；你一遍又一遍地唠叨，你将他所犯的错误一五一十数落一遍，你把他说得一无是处；而你的学生在做什么？他在俯首帖耳，他在沉默，他对你聒噪的声音在不断地点头，离开时，他还不忘给你鞠躬，说一句"谢谢老师"。当学生屡次犯错了，你在激愤中说"你改得了吗？""我再也不相信你了""孺子不可教也""你别来上学了""出门别告诉别人，我是你的老师"……亲爱的老师们，这些话熟悉吧？可是亲爱的老师们，如果换作是你，当你的工作出现纰漏时，你的领导大声呵斥，你是不是要拍桌子干架了？就算不干架，你起码也会反驳几句。因此就这一件事情来说，我们的学生比我们单纯，我们学生的心灵比我们纯洁，我们的学生比我们善良。

我说以上内容，是否意味着我们的学生不需要教育？不！就知识、能力、阅历等而言，教师显然在学生之上。学生童心的保持、个性的发展、能力的提升、思想的成熟、阅历的丰富……都离不开教育，都离不开教育工作者的谆谆教诲。

李镇西在《做最好的老师》一书中说道：一个真诚的教育者同时必定是一位真诚的人道主义者。素质教育，首先是充满人情、人道、人性的教育。一个受孩子衷心爱戴的老师，一定是一位最富有人情味的人。只有童心能唤醒爱心，只有爱心能够滋润童心。离开了情感，一切教育均无从谈起。是啊！教育的艺术，就是语言的艺术，当我们自以为雄辩、自以为有理有据、自以为高高在上时，我们尖锐的语言就无形中成了一把锋利的刀子，刺向了学生幼小的心灵；而一个学生的堕落，有时候真的就开始于教师的“无情”！

美国著名心理学家加德纳提出多元智能理论，他认为，每个人都有自己的长处，有的人是语言方面，有的人是逻辑方面，有的人是音乐方面，有的人是空间智慧方面，有的人是社会观察方面，有的人是自我反省能力方面，有的人是人际关系方面。无论是谁，都有其优势，有其长处，有其与众不同之处。作为教育工作者，你不能发现学生的优点和长处，你一定不能成为优秀的教师。但是如果你对学生的心灵进行侮辱、摧残，这却是不可饶恕的！

新加坡政府在给校长的任命状上写道：你要时时刻刻意识到，有无数孩子的未来掌握在你的手上。你的言行举止，你的一切不仅决定民族的未来，甚至决定着每一个家庭的幸福。是啊，作为教育工作者，既然我们选择了在黑板面前站立，我们就选择了一种永恒的姿势，一种使命，一种责任。我们可以原谅自己的学识水平不够，但我们不能原谅自己的不善良。虽然随着岁月的流逝，我们不可避免地会在年龄上与学生拉开差距，但我们应该努力地使自己与学生的思想情感保持一致，就算你不能学会用儿童的眼睛去观察，就算你不能用儿童的耳朵去倾听，就算你不能用儿童的兴趣去探寻，就算你不能用儿童的情感去热爱，那么，至少请你记着，“己所不欲，勿施于人”，请你至少保持善待你的学生，这是对学生最大的尊重。

相关就是今日事今日毕

相关（Relatedness），指的是教师与学生沟通过程中，沟通应该与行为直接相关，即相关的时间、相关的地点、相关的事件、相关的人物、相关的行为。与该问题、该事件、该行为、该难题无关的事情和行为都不在本次沟通范围之内，不说教、不数落、更不谩骂。本文就相关的时间进行阐述，即相关就是今日事今日毕。

“明日复明日，明日何其多。我生待明日，万事成蹉跎。”这首家喻户晓的《明日歌》是明代诗人钱福创作的，世界上的许多东西都能尽力争取和失而复得，只有时间难以挽留。人的生命只有一次，时间永不回头。不要今天的事拖到明天，明天拖到后天。要“今日事今日毕”。

那么放到师生沟通中，就意味着今天学生发生的事情，在当时当天当下进行沟通，而不能拖延。

比如，一个孩子迟到了，班主任怎样办？这个时候，班主任一定要第一时间处理，不能让迟到的学生当着全班同学的面，好像什么都没有发生一样地走进教室，这样会给学生起到一个反面教育，就是迟到是没有关系的，迟到也不会被批评，不需要理由的。那么在处理中，我们常常看到这样一个教育现场。

“为什么迟到呢？”

“堵车了。”亲爱的老师们，说堵车，是大部分迟到学生的一个理由和借口。因为在城市里，堵车是很正常的事情，而且一旦将迟到归咎于堵车，学生是不需要花任何成本，不需要承担任何责任，不需要承担任何后果的，一下子就将自己和家长撇得一干二净，都交给了不会说话的交通问题上了。但是细心的班主任会发现，堵车大部分时候只是借口，因为在早晨学生上学的时间，只有学生的车辆，车流量并不大，如果不是出现交通事故，很少出现堵车的现象。那么据我们观察，学生迟到往往不是客观原因，而是自身的原因，原因最多的是学生晚起。但如果学生将迟到的理由归结于晚起，这样学生自己要承担后果，家长也要承担责任。所以学生为了省事，为了逃避责任，就轻而易举地将理由归结为堵车。所以一旦听到学生说堵车的理由时，班主任一定要深究下去。否则，你如果说“噢，堵车啦，情有可原！”而轻易地让他进了教室，学生们会认为，迟到是没有关系的，只要随便找个理由就可以了，班主任好糊弄。

有一天，我同样遇到一个常常迟到的学生，9：40背着书包站到了我办公室门口。

“怎么迟到呢？”

“堵车呀。”你听，多熟悉的理由。我没有放松，继续问下去。

“你早上几点出门？”

“6：40。”

“你家住哪里？”

“龙华。”

“5公里花了3个小时？”

“堵车了，我走路来学校的。”你听，学生为了圆自己的谎言，又开始编造另外的谎言，只要你愿意深挖下去，学生的谎言会不攻自破。

“走5公里，需要3个小时？你是蜗牛吗？”面对学生的荒唐之词，教师需要揭穿他的谎言。

“我慢慢走的。”

“噢，今天气温有35℃。”我看了看手机上的天气预报，并给学生看，“热不热？”

“热！”学生不假思索地回答，哈哈，这样学生便中圈套了。

“你走了3个小时，应该是满头大汗了，怎么你的衣服却是干的？”学生听我这样一说，显得有些尴尬。

“已经干了。”学生要为自己的谎言做最后的垂死挣扎，从中也可以看出，这是一个不太好沟通的学生，或者也可以看出，他是我们教师嘴里的“惯犯”。

“干了啊，干了也要有汗臭味啊！你身上一点味道也没有。”

“我穿过那个隧道后就打的了。”学生又企图编出另一个理由来搪塞我。对于这样无意义的沟通实在没有必要。我看了看他，语重心长地说：“孩子，这个世界上唯一不可以做的，就是把别人当傻子。”

“我真的是走路来的。”煮熟的鸭子嘴硬。

“好，我相信你是走路来的，但我不相信你大夏天走了那么远，你的衣服是干的，你的脸上没有汗。”

“老师，我错了，我和妈妈吵架，赌气不上学才迟到的。”

至此，学生终于说出了迟到的真实理由，合情合理，我没有批评他，而是让他在考勤登记簿上自行登记，并将迟到理由写明白。之后的一周，我让他负责考勤登记簿的记录，并每天向我汇报。

就这样一个简单的教育现场，反映出教育智慧：教育要及时。这样一次对话后，班上再也没有人故意编出一个“堵车”的理由来解释迟到的原因了。

上课讲话，要不要教育？当然要制止。可笑的是，我在2009年当班主任时（初三5月空降班主任），有个女生小欣，是官二代，有心肌炎。我正在黑板上写字，学生们都在做笔记，突然听到后面传来很清晰的嗑瓜子的声音，我听声音大概判断从哪里出来的，但没有回头，一边继续板书，一边说："我怎么听到嗑瓜子的声音？请收起来。"我这话说出口，像空气一样，消失得无影无踪，嗑瓜子的声音继续若无其事地有节奏地发生着。

我转过脸，看到小欣低着头仍在嗑着。

"小欣，我刚才已经提醒你了，请不要嗑瓜子了。"

"我没有听见。"小欣仍然毫不在意，将手上剩下的三颗瓜子嗑完，然后才收起包装。

为了不耽误上课，我没有就此事追究下去，课后也忘记了找小欣。这事就这样过去了，在我的脑海里没有留下印象。

但是第三天，我接到家长电话："陈老师，你这样公开地点孩子名，是不对的，西方教育可不是这样的。"家长开门见山，毫不客气。

"西方教育是什么样的？"

"他们不会当众批评孩子。"

"我在上课，孩子嗑瓜子，先不说违纪、不尊重老师，她对同桌对同学有起码的尊重吗？在我了解的西方教育中，不仅有民主这个词，还有一个比民主更重要的词是'尊重'。"

"你可以课后找她谈话啊。"

"她课堂上吃瓜子就不管了？"

"孩子有心肌炎，您的点名万一引起她身体不适呢？"我无语："好的，谢谢小欣妈妈，我了解了，您的方法是对的，我以后会按照您的方法来教育您的孩子，谢谢您的帮助！”家长哑口无言，只听电话那头发出嘟嘟的声音。

这是一个不讲理的家长，也因为家长的不讲理，才使得学生不把教师放在眼里，才这样肆无忌惮地违纪。试想：如果老师不能及时处理嗑瓜子事件，对整个班风都将是毁灭性的打击，老师从此在学生心目中毫无威信可言。

小权是一个很有个性、很有思想、很有主见的男生，学习成绩也很不错，教师给予的关注很多，在班上具有一定的影响力。第一节课，他和同学说话，我用眼神示意他，他收到了，可过一会儿又讲话，我再次用眼神示意他。第二节课，我已经站到了讲台上，师生已经行礼准备上课了，他扔了个纸飞机给同学。那一刻，我生气了，我叫他站到后面听课以示惩戒。他拿着历史书乖乖地站到后面了，但是整节课，他都没有看我一眼，整个脸是耷拉着的，当我看向他时，他要么背对着我，要么看天花板；让齐读重要知识点时，他不看书本，而是看向窗外。他的种种行为，我看在眼里，我知道，这是教育的良好时机。

下课后，我让他来办公室，让他坐下，他眼睛仍然不看我，脸上非常严肃，似乎准备要和我吵架。

“老师让你站到后面，是不是很委屈？很没有面子？这么多同学违纪，为什么只惩罚你一个人？”小权很肯定地点点头，委屈得眼眶都红了。

“你不看我，你不与我有任何交流，你看着窗外、你背对着我，我都看在眼里，我看到了你的愤怒与不满。我知道你这节课很煎熬，心里一定在骂我。”小权默认地低下了头，仍然一言不发。

“老师让你一个人站到后面，确实不妥。”我主动承认我做得不妥当的地方。我话一出口，小权的面部表情明显轻松了很多。其实啊，学生很简单，无论是做教师还是做家长，我们都需要学会在孩子面前承认自己做得不妥当的地方，承认自己的不足。只要大人能从自身去反省问题，孩子的沟通是很简单也很顺畅的。

“可是你有没有从另一个角度来思考问题？”我继续说。小权怔了一下，没有回答。

“你是班上的公众人物！”我一字一顿地肯定地强调说。当小权一听“公众人物”这个词，一下子就来神了，眼睛发光。一个学生在老师眼里是个公众人物，是个明星，地位是多么高啊。他脸上洋溢出无比骄傲的表情。

“正因为是公众人物，你的一言一行、一举一动代表的是文化，是形象，是榜样，是标杆！”我继续引导小权。小权是个聪明人。

“老师，我知道了，是我错了。我今后再也不会在课上违纪了！”

“老师对你的要求远远不止如此，你的影响力也远远不止于管好自己。公众人物，是要带领班级整个舆论走向的，你知道自己该怎么做吗？”

“我知道了，我不仅要管好自己，还要协助老师管理好班级纪律。”

“我们短短的几句交流后，你还会觉得自己委屈吗？老师让你站到后面，做得对不对？”

“我刚开始确实挺委屈的，现在听老师这样一分析，我理解老师这么做的原因了。谢谢老师！”

这个教育现场再次说明：教育要及时，不仅如此，教育还在于帮助学生打开心结、解决问题，只有问题得到了及时的解决，学生的思想包袱才能放下。而我们工作中，有很多教师惩罚就是惩罚，惩罚完之后没有向学生说明惩罚的原因是什么，没有疏导学生的心理状态。这样受到惩罚的学生，就算他犯了确实要被惩罚的错误，但他心里是有怨言，是有不满或者委屈的。这样的不满积累多了，也就变成了负能量。长此以往，被惩罚多了的学生也就变成了“惯犯”，一个问题学生。所以据教育观察，我们的问题学生一开始都没有问题，之所以会成为问题学生，是因为在教育过程中，学生的思想没有得到及时的疏导和解决，才导致学生产生叛逆心理。我想，如果我们每一个教育工作者都能将及时性这个教育理念运用到教育过程中，问题学生便会减少很多。

我班级有个女生，在小学受到了严重的语言暴力，没有得到及时的帮助，自己以逃避的方式来解决——自杀，在家里，父亲不管事，母亲懦弱，她多次割腕或撞车自杀未遂。最早发现她心理不正常的是语文老师，因为她在作文中表现出厌世情绪；后来孩子给班主任写了一封求救信，班主任第一时间与家长沟通联系，年级及时介入，找孩子谈话、找心理老师辅导，自杀的迹象到目前没再发生。

初中学生中，学生们的很多苦恼来自同学间的人际关系交往。一旦师长不能及时地疏导沟通，这样的问题会成为青少年的心理问题。在这个时候，师长要告诉学生，生活中充满了矛盾，同学之间难免有被人误解、嫉妒和被人背后议论等事情发生。如果别人冒犯你，你就耿耿于怀，睚眦必报，结果引来的多是“以牙还牙”的恶性循环；如果你相信人的感情是可以诱导的，因而能宽容别人，礼让别人，“投之以桃”的话，则别人迟早也会礼尚往来而“报之以李”的。同时，在人际交往中，你也切不可因为别人有这样那样的缺点就横加指责、挑剔，甚至故意疏远、嫌弃。“金无足赤，人无完人”，每个人都会有缺点，都会犯错误。有句名言说：“水至清则无鱼，人至察则无徒”，过分苛求别人，到头来只能使自己变成一个孤家寡人。对小人一定要忍让，退一步海阔天空，实在不行把属于自己的空间也送给他们，又有何妨呢？让他们如莺歌燕舞般陶醉吧。俗话说，大人有大量，不把俗事放在心里，小人小肚鸡肠，惹着小人就等于惹了麻烦。

综上教育现场的案例，再次提醒教育工作者，教育要及时，教育要抓住良好的教育契机，今天的事情要在今天解决，当下发生的事情要在当下解决。今天沟通完后，今后尽量不再提今天发生的这件事，否则就变成了数落。如果今天因为有特殊情况不能及时进行沟通，一定要在今天和学生交代清楚："今天老师开会，实在没时间和你一起来解决这件事情。今天晚上你回家好好思考一下，如果这件事情重新来过，你会怎样处理？明天我们再一起交流一下意见。"这就是真正的今日事今日毕，做到沟通与时间密切相关。

相关就是就事论事

今天早上一个男生迟到了。班主任守在门口："你看看你，又迟到了！这个星期已经迟到三次了，第一次你说闹钟坏了，第二次你说堵车了，今天又是什么理由啊？""上学不迟到这样最基本的事情，你都做不好，你还能做好什么？你看看班上的同学，有谁像你这么没有组织纪律性？你迟到一次，班级流动红旗扣掉一分，这一周同学们拼死拼活，最后都丢在你的手上了……你今天迟到，昨天不交作业，前天打架，开学刚一个礼拜，你看你犯了多少错误。"

这样的声音熟悉吧？哪些人最喜欢教育人呢？第一是当教师的；第二是当班主任的；第三是女教师；第四是教文科的；第五是口才好的；第六是年纪大的。教师们教育起学生来，从国际到国内，从过去到现在，从今天到未来，他们不搞一点鸡汤，不搞一点感人的案例，都觉得对不起自己这份职业！

再听听：你看看，我为了你们，生病都没时间去看，一天到晚守着你们，我就出去办个事，眨个眼睛就出事。你看看，一模一样的题听写多少遍了，还是丢分，你说说我还能有什么办法？昨天上体育课你把球踢到了消防栓上，你考数学把6看成了9，像你这个样子，将来中考怎么了得？如果你将来当会计会不会把钱算错？你真是个睡神，以后当兵，不会站岗都睡着了吧？！

这样的声音是不是很熟悉？这样的教育有错吗？没错。但问题解决了吗？没有。为什么？这里有工作错误的认知，我们的沟通一定要就事论事，即相关。教师的工作是指导帮助而不是伤害，有效的沟通方式，改善并引导学生，是增进师生关系的关键。在沟通中，最重要的原则是什么？是就事论事。比如，你今天迟到我就今天批评你，你昨天不交作业，昨天批评过了，今天就不要再批评了。这种做法，我们用心理学理论来进行分析就是及时性，即我今天做错了，你批评我，老师是在教育帮助我，老师是出于善意，我愿意听。你讲今天的事，把过去犯的种种事都一一拿出来说一遍，我觉得你是在数落我、针对我，我不过是第N+1个人。

一天，我正在电脑上码字，一位班主任很生气地走到我面前，“我知道您很忙，但这件事，需要一位有权威的老师和他来沟通才好解决问题。”班主任原原本本地讲述了今天发生在课间的一件事情。事情本身很简单，就是班主任提前几天要求学生将无关物品带走，保持教室的干净整洁，而小宋的一个抱枕没有带回家，放在了公共区域的书柜上，老师提醒多次无人搭理，于是班干部以为是没人要了，就将抱枕放到了教室外面走廊的桌子上。小宋一回教室看到抱枕不见了，又是哭又是闹，班主任怎么说都没有用，小宋甚至说“抱枕不见了，我妈妈会打死我的，与其被妈妈打死，我不如现在死了算了”，于是拉开教室后门，就准备往外面跑。班主任吓得魂飞魄散，一把拽住小宋，找到了我这里。为了让我对小宋有一个全面了解，班主任将一年半以来小宋的行为特征告诉了我。

我听完班主任的讲述，明白了。小宋本身性格有亟待完善的地方是真的，但今天问题处理的关键其实相当简单，就是关于一个抱枕的问题。如果今天我按照一年半叠加起来的小宋的印象去处理问题，那么今天抱枕事件全是小宋小心眼、不懂沟通的结果造成的，是他不服从管理造成的。那么可想而知，在沟通过程中，必然会出现沟通不畅，不但不能解决问题，反而会让小宋的情绪越来越紧张，情绪越来越激动。这样的处理方式对小宋是不公平的、不客观的。于是我决定，今天只谈抱枕，就事论事。

小宋来到了办公室，我让他坐下。他还在流泪，我拿出纸巾递给他。

"男儿有泪不轻弹，看得出，这个抱枕对你意义重大！"小宋这么一听，"哇"的一声痛哭起来，情绪很激动。

"一个抱枕，可能只有十几元，可能在同学看来，一文不值。可是在你这里，它一定有深刻的含义或者有美好的故事，所以你才视若珍宝。能和老师说说吗？"当学生情绪激动的时候，最好的方法是共情，理解他当下的心情，说出他当下的委屈，指明他当下的心境，只有这样，学生才能敞开心扉。很明显，我这一问，问到了小宋的心坎里。

他擤了把鼻涕，擦干眼泪，让自己平静下来，说起这个抱枕是为了午休，妈妈给他买的。还讲起了妈妈平常对他严格要求的许多事例，最后总结说："如果我丢失了这个抱枕，妈妈一定会打死我的！"

"你觉得在妈妈眼里，是你的生命重要还是抱枕重要？"

"我的生命！"

"既然如此，因为抱枕，妈妈会打死你吗？"我这样一问，小宋起劲了，将妈妈暴躁的脾气用许多的事例讲了出来，甚至将妈妈和收银员吵架叫来110的事都讲了。还讲了妈妈小时候和外公扯皮的事情，妈妈小时候和男孩子一样爬树、打架的事情。

一场沟通，最后变成了聊天。小宋一边聊着，一边开心地笑了。看他的情绪很好，喋喋不休地说着自己和妈妈相处的种种事情，恨不得将他的家谱都翻给我看。我知道，这场沟通，我是成功的，我走进了小宋的心里，短短的几分钟，他无比地信任、依赖我了。这就为我接下来处理问题做好了铺垫。

“我们回到抱枕的事情上。你现在心平气和了，想一想，自己有什么做得不妥的地方吗？”我们沟通的目的是为了解决问题。只有真正帮助学生认识问题、分析问题，才能真正解决问题。

小宋认真反思了自己的言行，最后主动提出：“今天我很不理智，很激动，对不起班主任。我马上找班主任道歉！”

小宋的问题就是一个关于抱枕的问题，让他的心灵得到了疏导，情绪得到了释放，问题便得以解决。后来，我还与小宋的妈妈进行了一次单独的沟通，妈妈也改变了与小宋的沟通方式。在班主任的努力之下，小宋的情绪越来越平和，与同学相处也越来越融洽，性格也越来越开朗，现在已经成了班主任的得力助手，受同学们欢迎的同伴。

上课讲话，是学生常犯的错误，也是屡教不改的问题。我们年级有个班的五个男生，喜欢讲话，被老师投诉。

“讲话好不好？”

“不好。”

“为什么不好？”

“影响自己，也影响别人。”

“还蛮通情达理的。该怎么办呢？想个办法。”

“谁想办法？”

“你们想想自己可以做到的办法。”

“老师，我要讲话了我掐自己”；“我如果想讲话，我让自己站起来”；“我如果想讲话，我就写字”；“我如果想讲话，我就不断在心里提醒自己：不要讲话，不要讲话，我要讲话就是一头猪”；

“我如果讲话，让我的同桌提醒我，一讲话就拿笔戳我一下”。

孩子的成长是一个不断反复犯错的过程，是不会你让他不讲话，他就不讲话了。他第一次那个招数管了三天，第二个招数管了一周，他不断地试错，不断地犯同样的错误，我们用同样的招数去应对它，让他不断地使这个问题的间隔时间变得长一点，再长一点，更长一点，慢慢地淡化。有的孩子上课讲话问题可能是终生的，工作了以后开会还讲话。我们有多少教师一到升旗就交头接耳，一到开会的现场，就窃窃私语；讲话的问题，成为痼疾型的行为。

我听到湖北教研所一位退休教师讲到的一个观点，很受启发。她说：“当我们老师愿意放弃对学生的控制，转而以一种合作的方式与学生共同努力时，我们的教育才会有效，那些知道如何问更多的问题并且更少说教的老师，会对学生们的想法与观点产生好奇心；当学生们收到鼓励表达自己的观点、有机会而不是被命令，并和他人一起解决问题时，学生才能清醒地意识和感知到要评估问题，才能带着责任感、适应力和正直来分析自己的错误带来的不良影响，在他们不感受到责难、羞辱或痛苦时，他们才能学会放弃责备他人的受害者心态，并接受一种承担责任的心态，这样也才能培养出学生的判断能力。”她还说：“沟通，对于教师这个职业来说，特别重要。因为我们的工作是人人对话的系统，这是我们跟IT人士不同的地方，IT行业是在人机对话，所以脾气好一点坏一点，性格差一点好一点，可能问题都不大。我们许多的IT男在行业是精英，但不一定善于表达与沟通，这并不妨碍他的事业。但是我们老师是在人人对话的系统，我们的工作需要与学生、家长，同事、同行、领导、朋友、同学、家人、亲戚、社会的服务人员等打交道。”

苏霍姆林斯基说：“我们是和工作中最复杂、最珍贵的无价之宝，也就是人打交道，他的生活、健康、智慧、性格、意志、公民意识和精神面貌，他生活中的地位和作用，他的幸福，都取决于我们，取决于我们的能力、水平、工作艺术和智慧。”所以教师是在与世界上最珍贵的孩子在沟通，在与心思最敏感的孩子在沟通，我们需要有沟通的艺术和技巧。沟通要做到与行为相关、与时间相关，做到及时性，做到今日事今日毕，做到就事论事。

帮助学生制定适当目标的方案是合理的

什么是学习目标呢？从小处说，就是学习以学会为目的，而不是班级排名，也就是跟自己比而不是跟别人比。从大处说，学习的终极目的是掌握为国家、为社会做贡献的本领，而不是仅仅考个好大学，找个好工作。

那么什么才是正确的学习目标呢？全面分析，正确认识自己。准确找出自己的长处和短处，以便明确自己学习的特点、发展的方向，发现自己在学习中可以发挥的最佳才能。不要脱离学习的实际，目标不能定得太高或过低，要依据知识、能力的实际，“缺欠”的实际，时间的实际以通过自己的努力能达到为宜。

儿子每次都是班上倒数第一名，妈妈为了鼓励儿子，说：“儿子，你查漏补缺，现在还早，只要你肯努力，肯花时间，你考班级第一名都是没有问题的。问题是，你现在花的时间不够。”妈妈的话，听起来鼓舞人心，但是对吗？不对。他现在是倒数第一名，而帮他制定班级第一名的目标，是他很长时间内不管怎样努力都不可能实现的。这样的目标，无疑对自己孩子的信心是极大的挫折。

在一次讲座中，魏书生老师讲到他班级倒数第一名学生的教育方式。他帮助学生做自己能做的题，做小学四年级的数学题，后来再慢慢增加难度，做题的时间以10分钟为标准，看看一分钟能算对多少道题。学生经过一段时间的训练，找到了学习的方法。但是他的成绩仍然是倒数第一名，魏书生老师明确地告诉学生："在咱们这个班集体，你在努力，大家也在努力；你在进步，大家也在进步。也许不管你怎么努力，你可能都只能是班级最后一名，是因为我们班级整体都在进步。所以在全年级、在全校，你确实是在进步的。你只要努力下去，期末考试保证可以在全校进步60个名次。"果不其然，这个学生在魏老师适当的目标激励下，期末全校倒数第59名；再到下次考试，全校倒数第119名……每一次都在进步，每一次都在提高，这就是适当目标的激励作用。然而，在工作中，有许多教师并不懂得真正地帮助学生制定适当的目标。

小明期中考试全年级第124名。班主任让他到教室门口，给予肯定与鼓励，并制定下次期末考试目标：年级20名以内。小明是个很乖的学生，老师说什么就是什么，他当时内心想说"我期末如果能考到年级前100名已经很不错了"，但他不敢不执行，不敢反驳。于是他按照老师的年级20名的目标去努力，他知道自己聪慧不够、水平不够，但为了达到20名的目标，他不敢午睡，有时候自己躺在床上看书不小心睡着了，他也会恨自己浪费了时间。晚上躺在床上，总是在想着今天我这个知识点没有学好，那个知识点没有掌握，焦虑无比，常常失眠。他是一个不善于沟通交流的孩子，当自己面临这样大压力的时候，没有地方可以倾诉和发泄。于是到了周末，他迷上了游戏，在游戏的世界里，他可以大喊大叫，可以发泄自己，也能在游戏的角色中找到自己的影子。一个学期下来，期末考试他考了年级第96名。按理说，从第124名到第96名，已经是很大的进步了，他应该高兴才对。可事情没有朝正常的方向发展，他觉得对不起班主任，对不起老师的信任，辜负了老师的期望，觉得自己很笨，担心老师看不起他。所以他常常看到老师绕着走，很少与老师正面眼神接触，他变得有些焦虑。他越是焦虑，越将自己沉溺在游戏中……直到家长找到了我。我帮助孩子找到了不正确的目标给孩子带来的压力与负担，并帮他放下心里的包袱，制定了合适的目标为止。

深圳中考体育，男生的自选项中，年级大部分学生选择了引体向上。但这是一项核心力量的训练项目，需要长期的训练、坚持不懈的努力才能突破，而且引体向上只要能从0实现1的突破，就能掌握技巧与方法。只要有了0的突破，后面引体向上的个数将会越做越多。小胡在健身房教练的帮助下开始练习引体向上，家长将小胡满头大汗的图片发给我，并说引体向上好难啊。从短信中，可以看到畏难的情绪，更改项目的想法。该如何帮助小胡坚持下来？第二天，我在班上大张旗鼓地将小胡满头大汗的照片放了出来，说“小胡同学为了达到目标，不懈努力”；后来他的手起了泡，接着练，由泡到茧，这个过程，他还是0，我在班级树立了“小胡意志”：一个坚持不懈的少年，一定会无往不胜，我们期待着他0的突破，目标数为1。一个多月后，他终于做了1个，后来就越做越多了。在小胡的带领下，班级男生们做引体向上的劲头非常大。在引体向上比赛中，小胡当仁不让地获得了全年级第一名。在中考的体育成绩中，引体向上满分率非常高。

小许是一个基础不好、天资不是很聪慧的孩子，学习成绩也一般。在这个竞争激烈的学校和班级，这样的孩子很多很多，很容易被忽视。一旦这些孩子放弃学习，整个班风学风都会受到很大的影响。所以我特别关注这群孩子。他每天来得早，那天早晨，我特别在班级表扬：小许同学是一个非常自律的孩子，每天早上早到班，每晚不管多晚，都会认认真真地完成所有的作业，从不敷衍；他的这份执着、这份自律让人感动；每一位同学都要向小许学习，哪怕目前不够优秀，仍然不放弃自己，仍然在追赶，我们人生不在于和别人比，我们每个人做最好的自己就可以了。这就是小许精神：永不放弃，做最好的自己。所以我给小许制定的目标是和自己比，做最好的自己。

苏霍姆林斯基在《给教师的建议》一书中，打了这样一个比方：每个孩子的体力是不同的，如果让7岁的孩子都来提水，体力强的孩子可以提20桶水，而体力弱的孩子提了5桶水就已筋疲力尽了。要求弱小的孩子提20桶水，他会因为劳累而受内伤，甚至进医院。同样，儿童从事脑力劳动的力量也是不同的，有的孩子对事物领会理解记忆得快，有的却领会得慢且记忆不牢。这就是说，在学习中，无论就脑力劳动的内容还是就所需的时间来说，都应当采取个别对待的态度。

明代徐霞客从小立志不做官，要做旅行家和地理学家。年轻时徐霞客常常躲在他家附近茂密的竹林里，逃避邀他出来做官的人。为了追求自己的目标，徐霞客在母亲去世后就匆匆踏上了旅途。他一生足迹几乎遍及全国，为我国地理学研究开辟了新方向，终于成为著名的旅行家和地理学家。可见，订立一个正确的人生目标是多么关键与重要。然而，目标也不是凭空而立的，它的制定要与主客观情况相符合、相联系。因此订立恰当的目标做事才会更积极，才能真正地实现并解决问题。

以解决问题为目的的方案就是合理的

一天，动物园管理员发现袋鼠从笼子里跑出来了，于是开会讨论，一致认为是笼子的高度过低，所以他们决定将笼子的高度由原来的10米增高到20米。结果第二天他们发现袋鼠还是跑到外面来，所以他们决定再将高度增高到30米。没想到隔天居然又看到袋鼠全跑到外面了，于是管理员们大为紧张，决定一不做二不休，将笼子的高度增高到100米。一天长颈鹿和几只袋鼠在闲聊，“你们看，这些人会不会再继续加高你们的笼子？”长颈鹿问。“很难说。”袋鼠说，“如果他们再继续忘记关门的话！”这则寓言故事告诉我们一个简单的道理：合理的解决方案是要解决问题，凡是没有解决问题的方案都不是正确的。

比如，学生犯错，最常见的惩戒方法是罚站、罚抄、罚跑、罚值日。没有写作业，罚跑；迟到，罚站；上课讲话，罚抄；和同学发生矛盾，罚值日等。也许老师罚完，学生能好几天，但是后面会继续犯。我不禁要问，没有写作业，与跑有什么关系？罚站能解决迟到的问题吗？罚抄能让他上课不讲话吗？罚值日，就能让班级太平了吗？很明显，没有。

再如，在学生出现问题时，还有一种常见的惩戒方法是告诉家长。学生作业没有完成，告诉家长；上课讲话，告诉家长；学生发生口角，请家长；陈芝麻烂谷子的事，都要通知家长，甚至请家长到学校来。老师们，动不动请家长或者向家长投诉，合不合理？是最不合理也是最无能的一种表现，还是让家校矛盾冲突、师生关系冲突的一个主要原因。家长反感、学生反感，你认为自己负责任，“我什么事情都及时地反映给家长了”；但实际上，是班主任极其不负责任的表现，这也是班主任常犯的错误。

以上一些解决方案，并没有解决问题。没有解决问题，就说明教师的解决方案是不合理的。那么怎样的解决方案才是合理的呢？

比如，针对学生常犯的迟到和不交作业的错误，我们来看看江苏省的赵月红老师的解决方案。赵老师在新生开学周，会带领班委一起制定班级规章制度，学生的每一项违纪处罚方案，都有必选项和可选项。必选项意味着必须要完成，可选项可选取其中一项来完成。比如，针对迟到现象，必选项是连续一周第一个到班，并收取每位学生的《家校联系本》。可选项是：为班级擦黑板两周；班会课唱国歌两遍；站文明值日岗一周，并完成本年级《学生迟到原因分析》。赵老师的解决方案专注于迟到本身，必选项为学生提供一个改正迟到的错误，并通过为班级做事的方式培养其班级荣誉感和为他人服务的意识；可选项，学生根据自己的个性特点进行选择，对于内向、不善于表达的学生，选择默默地擦黑板；对于外向、善于展示自我的学生，采用唱国歌的方式，提供一个展示自我的机会与舞台。赵老师提及班级最成功的一个案例是，学生在收集《学生迟到原因分析》的时候发现，一段时间内学生迟到的主要原因都在于公交车晚点，于是班级学生带着数据分析，与公交公司进行交涉，公交公司接受了学生的申请与建议，调整了公交发车时间，迟到现象得到了解决。

再如，针对学生不写作业的现象。赵老师的班规中是这样规定的：必选项是补齐该科作业。可选项是：帮老师批改当天作业，并给每一份作业写上评语；下周提前到校，收集该科作业，并将作业情况反馈给老师；出一份30分钟可以完成的周末作业，并附上答案，交由科任老师审核后油印，下发给同学；完成本周《未完成作业情况报告》。赵老师的这份作业解决方案不体罚、不羞辱、不孤立，可选项体现了学生的责任意识教育，通过做好事的方式抵消自己的错误。

又如，没完成卫生值日的学生，赵老师的班规要求到食堂帮忙收拾碗筷；对于体育课跑步不积极的学生，赵老师的班规是要该生帮助体育老师进行跑步计时，并给跑步最慢的三个学生提出改进方法或者陪跑。

比如，可不可以请家长？当然。什么时候请家长？学生发生肢体冲突、头破血流的，当然要第一时间请家长；学生情绪很坏，号啕大哭，当然要请家长；学生生病，当然要第一时间请家长；当学生的不良行为较多且学校教育收效甚微的时候，当然可以请家长一起来配合教育；面对一些生理特殊的学生，正常的教育没有办法做到的时候，当然需要家长来配合学校教育。这些都是威胁到学生身体、身心健康的时候，父母作为监护人，必须第一时间到场并协助学校解决问题。

有些问题，不一定要一个解决方案，而是求关注。教育心理学上一个最经典的例子，给9岁的三年级学生上课。老师正在很投入地讲课。一位男生拉窗帘，影响了上课。老师看了一眼，说：“热就打开，冷就关上，不许再拉。”孩子听到了并停了一会儿。等你一上课他又来第二次拉，老师说：“你怎么啦？警告你，热就打开，冷就关上！”孩子再次听见了。第二次的时候，老师的心情就很不好。没有一个老师愿意发脾气，没有一个老师愿意大声骂学生，可是你遇到这样的孩子，他惹你生气啊。接着老师继续上课，他第三次拉响窗帘，老师怒不可遏，一顿臭骂：“窗帘没招你惹你，你说你到底要干吗？站到后面去！”

这样的孩子在我们教学中有很多，我们班有一个很聪明的学生，就是喜欢和老师对着干，上课扮鬼脸故意逗同学们发笑，老师一生气骂他，他却不以为然；老师越生气骂得越狠，他下次干得更离谱。孩子的这种需要或者关注，从心理学上就是一种获得注意的心理需求，就是我们所说的求关注。

面对这样的情况，老师怎么解决？有一天上课，这位男生朝着同学们挤眉弄眼，我看了他一眼，说：“你好可爱哦，脸部器官很协调，怎么做到左眼一闭而不牵动面部肌肉的？下课教教我。”孩子课后真的主动到我面前演示，我确实很认真地学习，我接着说：“这真是个技术活，我需要多多练习。不过，这项技能在上课期间发挥，时间合适吗？”自那之后，在我的课堂上，这个男生再也不搞怪了。在别的老师看来很难搞定的学生，为什么我短短几句话就解决了？是因为这位学生的诉求在于求关注，希望老师能时刻关注到他。

再如，针对上课讲话的学生，老师可以这样沟通：你对老师讲的问题是不是有自己的看法，我想听听你的见解。说得好，你夸赞一番；说得不好，便可以“你提出的一些观点，老师还需要消化，课后我们一起来探讨”应对。

北京的王晓春老师在“班主任如何减少做无用功”的一场讲座中谈到，师生沟通中常常沟通无效，不能解决问题。当发生下列几种情况时，说明老师的沟通方案是无效的，需要重新调整方案：①同样的内容谈了两次以上，不再谈，说明你的解决方案是不合理的。②学生口头上答应改正，但实际并没有改，没有行动。说明学生要么自我控制能力差，想改但执行不了；要么就是方案不适合该学生，需要重新调整方案。③谈话过程中，学生有抵触情绪，尤其是学生情绪激动，而班主任又无法改变这种氛围时，不要继续谈话。④谈话中，学生应付、敷衍，神情木然、目光呆滞，说明学生将老师的话当作耳旁风，不要再谈。⑤谈话前，班主任未设定谈话目标，没有想好谈话技巧，没有计划谈话内容，而是毫无准备、毫无目的、想到哪儿是哪儿的谈话，没有任何意义和效果。⑥学生狡辩时，老师说不过学生时，不要再谈。⑦老师的鸡汤、故事感动不了学生时，不要再谈。

以上种种情况都提醒我们每一位班主任，当学生犯错误时，谈话要选择恰当的时机、做恰当的谈话、制定恰当的解决方案，以解决问题为目的，否则将无功而返、徒劳无益。

以提升学生自我教育能力的方案是合理的

去日本游学时，在日本的教室里，看到让我深受启发的一幅画《我的音量》。画面上是一个柱状图，从0到3，分为三个等级，每一个等级上配有一幅简画。0等级上画面的内容是：老师正在上课。这就是在告诉学生，老师在上课过程中，不能讲话。1上的画面内容是同桌两个人讨论，也就意味着老师让同桌讨论时，声音要小一点，不要吵到其他小组的人。2上面的配画是小组4人围在一起讨论，意在告诉学生，在小组合作的时候，音量要大一点，要让小组其他成员听见，但音量不是最大的。3上面的配画是学生站起来回答问题，这就是说当站起来回答问题的时候，音量要最大，要让所有人都听见。

美国的教室里，也有一个很有启发意义的班规：我们尊重。四幅简画旁配有简短的文字：我们尊重他人的财产；我们尊重他人的想法；我们尊重彼此的差异；我们尊重规则和环境。

日本和美国的教室文化布置，体现了一个学生自主管理、自主教育的理念。苏霍姆林斯基在《给教师的建议》一书中谈到教育和自我教育。他说："道德准则，只有当它们被学生自己去追求、获得和亲身体验过的时候，只有当它们变成学生独立的个人信念的时候，才能真正成为学生的精神财富。"

是啊，在教育过程中，我们不缺乏鸡汤、不缺乏经典故事，为什么感动不了学生呢？是因为对于学生们来说，这些故事与鸡汤都和他无关，这些人物的事件与他相差甚远，他们是以一种冷漠的态度来看待这一切的。值日卫生，为什么有人值日偷懒？因为对于某些学生来说，这些活动变成了一个任务，没有感受到值日能带给集体环境的改变，没有感受到因为自己的值日是对班级其他人的一种服务，没有体会到自己的技能和贡献带给别人愉悦的高尚感。因为我们没有给予学生这种教育，没有给予他们这种鼓励。我们一直在找学生的碴儿，找学生的不是，找各种各样的惩戒措施，企图解决问题。

比如，捐款这件事情。为什么在学生眼里被看作为了完成任务、不被批评或者在捐款过程中怨声载道呢？是因为他们带着冷漠的态度来看待他与别人的多重关系。

我们常常把学生的生活组织得安全可靠、天衣无缝、无懈可击，可常常竟达到荒唐可笑的地步。比如，最近几年，因为南京事件，许多学校再也没有组织过社会实践活动。比如，中考高考，要求学生上交身份证等。都是学校、家庭将学生保护得太好，他们缺乏一个自我锻炼、自我教育、自我管理的过程。所以，经济越发展，社会越进步，我们看到的“巨婴”现象却越严重。这都是自我教育的缺乏所导致的不良社会现象。

苏霍姆林斯基说：“我们究竟在培养什么样的人。我们对一个人直到成年都搀扶着他走路，用过多的玩乐和满足去喂养他，这样做只能在他的精神里播种空虚和无聊。”

有中国当代“穿西装的孔子”之称的魏书生，以民主和科学的教育思想冲破传统教育的束缚，早在30年前就已经改变传统教育教学方式，善于启发诱导学生进行自我教育，为了让学生成为班级的主人，提升学生的自我教育能力，魏老师放开手脚，培养一批热心于班级工作的干部，让每位学生以班级主人的姿态为班级做工作，为班级尽责任。魏老师班级中的班干部真多，有常务班长、值周班长、值日班长、鱼长、花长、炉长等，分工明确，学生也以主人的姿态行使自己的责任，管理班级。最明显的例子是：魏老师班级的学生劳动特别有效率。学校要求用两节课时间进行大扫除，而魏老师的学生只用了15分钟，而且在检查时，即使是最偏僻的地方都没有一点灰尘。如此高效率的劳动，最重要的一点就是学生把自己当作班级的主人，这就是成功的自我教育的过程。

对于犯错误的学生，魏书生老师有著名的教育三宝：一宝是犯错全班唱国歌。二宝是犯错误自我诊断写病历和说明书进行思想教育。魏书生对于犯错误的学生有着自己独特的教育方式：不是以传统的惩罚教训，而是引导学生发现错误，改正错误。犯错误写说明书，把自己犯错误的心理活动如实地记述下来力图对自己犯错误的原因从心理学角度加以说明，让学生深层次地认识到自己的错误。犯错误写心理病历有利于使学生跳出自我保护的小圈子，站在客观公正冷静的立场改正错误。三宝是利用座右铭进行自我教育。魏书生把座右铭分为三部分：一是自己最崇拜人。二是自己要追赶的同学。三是根据自己的弱点写一句医治的格言警句。魏书生通过格言教育让座右铭成为学生的良师益友，激励学生不断进步。针对学生内心深处的弱点，像良药一般治疗他们心灵深处的疾病。

苏霍姆林斯基指出，“学生的自我教育的精神生活的领域，就是让少年去关心别人，要他在某件事情中把自己的劳动、智慧、意志和技巧的一部分贡献给别人，这件工作是从小事做起。”

那么我们不一定有苏霍姆林斯基的智慧，也不一定有魏书生老师的胸襟与视野，但对于每一位班主任，要正确地认识到：提升学生自我教育，才是真正的教育，才能真正地帮助学生解决问题。班主任的工作都是平凡的，没有惊天动地、感人肺腑的大事件，但我们可以从苏霍姆林斯基所说的细小的工作中找到学生自我教育的契机。

比如，对待卫生这件事，如何将卫生打扫干净？该如何让学生自觉自愿地进行打扫？为了解决这个问题，我是这样做的：开学第一天放学后，我守在教室里，指导学生怎么扫地，怎么擦黑板，怎么摆桌椅，怎么放卫生工具，离开时做什么。在我验收之后，学生回家了，我这天什么话都没说。第二天早读，我一进教室，故作惊喜地说：哇，窗明几净啊，这是哪些同学的杰作？学生很自豪地举起手来，我竖起大拇指，夸赞道："了不起，你们才12岁，在家里都不一定做卫生，可是在学校里，为了给大家营造一个卫生整洁的学习环境，让全体同学能够一进教室就像回到家一样，你们不怕脏不怕累。一屋不扫何以扫天下，一个能扫好一个屋子的人，今后一定能干好一切事情！"这番话，不仅让值日的学生明白了自己的劳动付出带来的成就感，更是让全体学生明白，劳动是高尚的、是光荣的！

比如，对于班风学风的问题，该如何解决？我创建的班级建立学科小组帮扶活动，就是为了提高学生学习的自主性和能动性，加强学生的自主管理和自我教育，每个学生既是帮助者也是被帮助者，让每个学生在班级都有存在的价值。

除了常规教育可以实现学生的自我教育之外，主题班会是一个非常好的教育平台。南京市德育工作带头人罗京宁老师开展的体验式主题班会"石头的故事"，学生在体验中能懂得"一个人的成才，一个人的成功，都离不开集体”；南京市优秀班主任鲁正贞的“气球之轻、生命之重”，学生在体验中能感受到“父母不易、生命不易”；在一分钟鼓掌中学生能体验到恰当目标的制定至关重要；穿越土豆的体验活动让学生感悟“只要方法正确、目标明确，通过努力就能实现”。在体验式班会的影响下，我也设计了多个主题班会，其中，“我是一枚棋子”，通过学生对一盘象棋的体验过程，能体会到“我是这个集体最重要的一部分”“一着不慎，满盘皆输”“稳扎稳打，步步为营”“集体是我最好的依靠”，等等。这些主题班会，都是引导学生在体验中进行自我发现、在实践中自我管理、在收获中提升自我，这就是学生的自我教育过程。

为了给学生提供一个可以展示自我的舞台和机会，我设计的班级管理理念是：“给我一个舞台，还你一份精彩。”每学期，我都会将其通过我的班会活动展示出来。

主题：自行设计，可以是自己最感兴趣的、最擅长的；也可以是趣味性的、知识性的，只要是传播正能量的。

内容：要求图文并茂，能吸引眼球、产生共鸣，并有一定的拓展甚至思考性的问题，能有知识抢答的过程是最赞的。

展示方式：PPT或者才艺表演，可以独立完成，也可以合作完成。

时间：每周一班会课。

报名：自行报名，按照报名的先后安排班会时间。

刚开始学生不敢上台展示自我，该如何解决新的问题呢？我在班级作了一番讲话，我鼓励学生：今天，你能够站在熟悉的同龄人面前，以后走入社会，你就可以站在陌生人面前；今天你可以当着50人的面大声地将自己的观点展示出来，今后你就敢站在500人面前慷慨激昂；今天你才13岁，你就能做你自己都不敢想象的事情，到你23岁、33岁、43岁的时候，你将会成为你所在行业的领袖、精英，因为你最高贵的品质是挑战自我。在我的鼓励下，学生积极踊跃，只用了一天的时间就将一学期的班会都报满了，有的同学不得不安排到下学期。

同学们的主题班会内容五花八门，有一个同学考了深海潜水证，他看到了海洋底部垃圾成山的状态，于是他设计了一个“海洋保护”的主题班会，在主题班会上，呼吁大家不要往海洋里丢垃圾。有个男生对社会热点特别感兴趣，当时正巧是南海问题很紧张的时候，他做了一期“南海争端”的主题班会，在班会上，呼吁爱好和平、反对战争。有一个女生暑假参加了英国游学夏令营，在英国，他们开展了社会实践活动，并撰写了社会实践报告，影响很大，她做了一期“团队合作”的主题班会，她通过自己的实践，亲身体会到团队合作的重要性，呼吁同学们在班级中学会合作共赢。有一位男生针对社会上对苹果手机热衷而摈弃国货的现象，他做了一期“反对崇洋媚外”的主题班会，呼吁同学们支持国货，支持中国制造。到了节假日，有的学生做“我的中秋节”“吃货”等班会，针对校园卫生，做了“垃圾不落地，校园更美丽”等班会。你无法想象这些主题班会都是13岁的学生自己设计、自己串讲的。学生们利用班会的舞台，锻炼了自己的胆量，训练了自己的口才，学会了在人群中崭露头角。在这个过程中，他们获得了掌声，获得了成功，收获了自信。

当然，班级也有胆小内向的学生，该如何激发这群孩子的积极性？我班小许同学，一说话脸就红，更别说在大庭广众之下发表自己的观点了。为了鼓励他能上台开展主题班会，我想了一个办法：学校规定要做一期“反校园欺凌”的主题班会。我事先将课件和所有需要讲的内容全部打在课件上。我找他来，说：“你只要照着念就可以了。”刚开始，小许不同意，经过我多番鼓励，他最终同意了。

那天主题班会，我给他准备好了麦克风，用最热烈的掌声欢迎他上台。小许上台后很紧张，说话都有点结巴了，可以明显看出他的腿有点哆嗦，整个过程20分钟左右，他没有抬起头来，而是一直盯着课件照着念。同学们也很给力，没有人讲话和插嘴。课件读完后，小许巴不得立刻下台躲起来。而我事先预料到了这点，我提前走到他旁边，等他话音一落，我将手搭在他的肩膀上，很认真严肃地对着全体同学说：“同学们，小许今天的班会，一定不是最精彩的；班会的内容也一定不是最新颖的；班会的形式，也有些枯燥；小许的展示，也不够抑扬顿挫。这不是一节完美的班会，我们也从来没有遇到过完美的班会，就像人都不是完美的一样。但是，这却是一节让我感动的班会，我感动，不是因为班会的内容、班会的主题，我感动的是小许本身。他是个内向的孩子，但是今天，他敢于站在50个同学面前，敢于拿起麦克风让全体同学听到他的声音。他此刻不是一个普通的学生，他是一个战士，一个敢于挑战自我的战士，一个让我感动的战士。让我们用最热烈的掌声欢送我们勇敢的战士回到自己的座位上。”教室里响起雷鸣般的掌声，小许骄傲地回到了自己的座位上。

自小许参与了班会后，班级许多内向的孩子都开始了自己的主题班会，都由原来的内向慢慢地转变为表现自我、突破自我。这就是主题班会给我们班学生带来的自我教育、自我管理、自我成长的过程。

只有当人们把教育者提出的教育要求变成了自我要求，并把它付诸实践的时候，教育目的在其身上才能真正实现。相反，没有自我教育的所谓教育，就会变成一种野蛮的灌输，甚至是一种精神的摧残，实际是一种反教育。

李镇西老师在《做最好的老师》一书中写道：教师的责任，在于发现，扶正学生心灵土壤上的每一株幼苗，让它不断壮大，最后排挤掉缺点的杂草。因此教育工作者面对学生，首先不是“灌输”，而是“发现”；同时也要教会学生自己“发现”并克服缺点。

附：班级学科小组活动方案

为了提高学生学习的自主性和能动性，加强学生的自主管理和自我教育，每个学生既是帮助者也是被帮助者，让每个学生在班级都有存在的价值；在学习过程中，学习问题可以找同伴及时解决。学生在互相帮助共同提高的过程中，培养小组合作学习的能力，从而活跃班级学习氛围，加强班级良好的班风和学风建设。

一、实施内容

（一）小组组成形式

（1）班级分语文、数学、英语、物理、化学、历史、道法、体育学科小组，每学科成立1～2个小组；

（2）每位学生至少参加一个学科小组；

（3）学科小组长由班级该学科成绩好的学生担任；

（4）学科小组长由小组推荐或教师任命；

（5）小组成员6～8人。

（二）学习活动的组织要求

（1）每个学习小组每周至少组织一次学习活动；

（2）小组活动时间在放学后；地点在班级教室；

（3）每位成员每周至少提出一个难以解决的问题或者题目（以中考为纲，题目不偏不怪）；

（4）可以利用课间进行小范围及时讨论；

（5）当成员间问题不能解决时，由小组长进行解答或者找科任老师；

（6）当小组长不能解答时，请求科任老师指导和帮助；

（7）科任老师或者组长可以每周布置一套适量的题目；

（8）每周小组活动固定时间，小组成员每人参加；

（9）做好小组活动详细记录，每次活动后交科任老师签字评价。

（三）学习小组长职责

（1）学习小组长是小组学习带头人，率先垂范，带头完成学习任务；

（2）带领小组成员开展每周学习活动；

（3）帮助解答成员的疑难问题；

（4）将疑难问题汇总请科任老师解答，并及时向成员解答清楚；

（5）每周向科任老师汇报小组学习活动情况。

（四）学习小组活动登记本

略。

二、实施评价

（1）班级各学科小组间展开竞赛。

（2）以开学考试成绩为入口，期中、期末进行两次评比。

（3）评价标准：学科小组成员该科成绩在班级或年级进步的平均名次；对各学科小组的平均进步名次进行排序。

（4）评比奖项：

集体：平均进步名次排序第一的被评为“五星学科小组”；平均名次排序第二的被评为“四星学科小组”；平均名次排序第三的被评为“三星学科小组”。

个人：每个学科小组评选出1名“学习进步之星”；获得五星、

四星、三星的学科小组长，评为“学科五星带头人”“学科四星带头人”“学科三星带头人”。

（5）学科小组活动中获奖的个人，期末优先考虑三好学生和优秀班干部的评选。

（6）由班主任组织评比。

适当的惩戒，也是合理的解决方案之一

“今天你不允许惩罚学生，明天社会会狠狠地惩罚他”，这是微信朋友圈经常被转发的一句话。近期，许多教育者、有志之士看到了中国教育的弊端，看到了快乐教育给中国孩子带来的不足。随着家校矛盾的日益上升，他们开始呼吁惩戒教育，呼吁将惩戒权交给学校。

在中国独生子女时代，惩戒教育一直备受争议。惩戒成为最敏感的话题。学生打不得、骂不得、罚不得，一不小心，教师就要被家长投诉，甚至被推到了被告席上。于是为了顺应佛系家长的需要，为了满足赏识教育的需要，许多教育工作者不敢管；于是学生的问题越来越多，教育弊端越来越凸显。

教育是否真的不能惩戒？我们看看其他国家的做法。

美国：当学生违反了学校的规章制度后，分情节轻重可受到不同程度的处罚。比如，给家长打电话；罚站；不让参加课外活动；罚早到校或者晚离校；被勒令离开教室10～30分钟；罚星期六来学校读书。

瑞士：如果有学生无故旷课，需要缴纳罚金；除此之外，法院还要向他提起诉讼，因为学习是学生应尽的义务。

新加坡的惩戒措施，除了有留校、罚写之外，教室后还悬挂着一把戒尺，对于多次惩戒无效的学生，校领导有权使用戒尺对学生进行惩罚。

澳大利亚的惩罚制度也很有名。他们的惩戒措施有：有的设立惩戒室，学生违反了校规校纪，被请到惩戒室；有的校长办公室外面有思过椅，犯错误的学生要被送到思过椅进行反思；有的学校，有专门的教师依照不同情况采取不同的教育方式进行惩戒，如写检查、赔礼道歉。如果在许多惩戒行为都无法奏效的情况下，犯错误的学生要被送进特殊学校进行教育。如果特殊学校的教育仍然不起作用，最严重的惩戒就是开除。

由此可见，惩戒教育是被世界所公认的，是学校教育必不可少的一部分。但是惩戒不是惩罚，两者有共同的地方，在于“惩”，即都有不那么友好的方式。而两者最大的不同，前者在于“戒”，即惩是手段，戒才是真正的目的，通过惩的手段，让学生戒掉毛病，改正错误；而后者在于“罚”，惩和罚都是手段，即学生犯错误，只关注于惩罚他，而没有达到教育的目的——帮助学生解决问题。

教育，和天气一样，风和日丽，让人神清气爽、心旷神怡，万物也生机勃勃、焕发生命力；雷霆暴雨，让人心情压抑。但是如果每天都是风和日丽，会大旱；如果每天都是雷霆暴雨，会洪涝。所以我们需要的是大部分时候风和日丽，偶尔雷霆暴雨，自然界才会协调。通用的教育，需要快乐、鼓励、激励的教育，也要有雷霆暴雨，即惩戒教育。

比如，学生犯错，能否进行批评教育？批评是正能量还是负能量？用流行的话是负能量。那个学生迟到了，我批评他，这是负能量，这个理论是蹩脚的；实际上，批评、表扬、提醒、鼓励都是教育最基本的手段。当然，我们有的老师在教育过程中会说：你怎么这么蠢呢？你怎么这么笨呢？我都教了多少遍了？这样就不能叫批评，这是对学生恶毒的攻击。

2019年7月2日，网传山东某县杨××老师被当地教育局处分了。事情的起因很简单，2019年4月29日下午，山东省日照市某中学2016级3班学生李某、王某逃课，私自到操场玩耍，被该班班主任老师安排学叫回，该班是网传的重点班，一向对学生要求严格，依照班规对学生进行惩戒，在四楼门厅内用课本抽打。

这件事发生后，老师们都在为杨老师叫冤。可是老师们有没有细细地回看这个过程？老师在处理过程中有几个关键词，“当众”“抽打”，这就已经不是惩戒了，而是辱骂、体罚。这是违法的行为，这是以爱的名义在行使老师的“权威”。可是老师的权威就是责罚、谩骂吗？不，老师最大的权威是来自学生家长的信任！

惩戒要特别谨慎，因为师长的意志如果不加以节制容易变成恣意妄为，有时甚至变成对别人的迫害。假如一个活泼好动、爱笑爱闹的小淘气变成垂头丧气、惶惶不安、双目忧伤无神、可怜巴巴、俯首帖耳、唯命是从的学生，这是你的不幸，也是教育的不幸。“你要知道，不管多淘气的学生，在紧要的时候，他可能表现得是一个善良、正直、担当的孩子；而无意志、唯唯诺诺的学生，则可能麻木不仁、冷酷无情，甚至会为了自己的幸福而不顾亲人的痛苦。所以老师们，我们不要用你的惩戒、你的权威、你的强有力的教育手段，把学生变成一个冷酷无情的人。”李镇西老师在《做最好的老师》一书中这样写道。

所以老师的惩戒要有度。比如，罚跑这件事，罚3～5圈，是学生体能能做到的事情，这是施以惩戒；但是如果罚跑10圈甚至更多，就是体罚。比如罚抄，错误的知识点罚抄3遍，这是为了让学生能通过笔头加强记忆，这是惩戒，但是如果整篇课文罚抄5遍，这就过了界。

青少年常常是非分辨能力不强，当他们犯下严重错误或者屡教不改的时候，必须要有适当的惩戒教育。

美国作家马克·吐温家有一条规定：如果子女犯错，必须受到应有的惩罚。至于具体采取什么方式，由子女自己提出来，经母亲同意后，就可以施行了。

有一日，阳光明媚，马克·吐温夫妇决定带孩子们一起到附近的农庄去旅行，这是孩子们期盼已久的事情。可是，大女儿苏茜却在临行前欺负了妹妹克拉。克拉哭闹不止，苏茜也很快便意识到自己太鲁莽，居然对妹妹动了手。于是，她主动向母亲承认错误并请求原谅。然而，按照家规，苏茜必须受到惩罚。苏茜犹豫了许久，终于坚定地对母亲说："今天，我留在家里，不坐马车一起去旅行了。"马克·吐温很不忍心，不由说道："你可以换一种方式。"没想到，苏茜果断地说："我必须对自己的行为负责。这样的话，能让我永远记住自己的这次过失！"

中国青少年研究中心副主任孙云晓说：没有惩罚的教育是不完整的教育，没有惩罚的教育是一种虚弱的教育、脆弱的教育、不负责任的教育。但是惩戒不等于体罚，惩是手段，戒才是目的。

给予学生具体指导的解决方案是合理的

“语文作业在35页，大家都把本子打开”，过了一秒，老师的话音再次响起：“打开本子”“打开、打开”，慢慢地，老师已经变得有点不耐烦了，声调明显高了，“你怎么还不打开？还在讲话？”“你们两个学生讲话，书都没拿出来，来度假的？”“你你你……还在看，35页，打开”。这样的教育现场，几乎每天都有，许多老师都习惯了以这样的口气与方式来实施他的教育。这样的教育有什么不妥之处？指责，听到的只有不满，对于做得好的学生，永远听不到肯定与表扬。在课堂中，学生们听到的永远是命令与指责。

我们再看看另一位老师，布置同样的作业，他的教育现场：“今天的语文课堂作业是《知识能力与训练》第35页二、三题。我再说一遍，今天的语文课堂作业是《知识能力与训练》第35页二、三题，请大家翻到第35页。”等待学生拿出书，然后，你看，第一组很好，表扬；第二组还有两个同学作业本都没拿出来，提醒；第三组，很好，表扬。这个过程中做了三件事，三条教育：第一条，指令明确性，告诉了学生具体哪本书哪一页哪道题；第二条，评价性，对于做得好的小组表扬，对于没有完成的学生进行提醒；第三条，及时性，对当时的学生状态进行及时地反馈与纠正。

学生刚进入一所学校的时候，他们的各方面素质都差不多，但是为什么开学后没多久，就分出了好班和习惯不好的班级？我们常常说，一个班主任是什么样的，一个班的学生就是什么样的。有的班级学风活跃，而有的班级却死气沉沉。难道是分班时，工作人员都知道每个学生的性格气质而物以类聚、人以群分吗？不，现在的分班都是电脑随机分班。那么，为什么一个月之后就会出现差别？因为不同的班主任用不同的方式教育学生。

李老师一开学便告诉学生：“上课，不允许讲话，讲话者将放学后留校，并到我办公室喝茶。”而张老师同样告诉学生：“上课，不允许讲话，讲话者将放学后留校，并到我办公室喝茶。但是下列情形不属于讲话范畴：回答老师问题；因个人见解与他人发生争议时；小组讨论没有控制住音量；讨论与课堂有关的问题等。”李老师和张老师对于“课堂不允许讲话”这件事情的态度是一样的，但结果却是完全不同的。李老师的班级学生害怕被批评，害怕留校，班干部也分不清什么属于讲话、什么属于不讲话，凡是上课有发出声音的，除了明显的回答问题之外，都记在名册里，于是为了不被惩罚、不被记名，学生们上课小心翼翼，谨小慎微。这样一个月后，李老师的班级就变得很“乖”，老师说什么就是什么，上课的气氛开始死气沉沉，只有几个学习成绩好一点的学生在回答问题。而张老师的班级，课堂气氛活跃，敢于对老师的看法提出质疑，常常让老师的教学改变了备课的方案，课堂上经常出现争论，学生的思维越来越活跃，老师的思维也在学生的唇枪舌剑中受到了启发，因而丰富了自己的教学经验和教学课堂。

为什么会出现这种差异？是因为张老师在告知学生上课不要讲话的时候，给予了具体的指导，让学生明白了讲话的范畴是什么，有了明确的指导，学生就知道什么事情该做，什么事情不该做；而李老师的教育是笼统的，学生分辨不清楚是非，最后只能选择明哲保身的方式。

再如，同一个老师教不同的班级，老师总会有喜欢的班级和不喜欢的班级。这同样与班主任的教育与指导有关。我自己一开学是这样教育我们班学生的：同学们要明确两个数字，一个数字是，每个老师至少教2个班，将近100个学生，老师管不到100个人，老师只能将目光盯在表现突出、吸引老师眼球的学生身上，这不是老师偏心，而是老师精力不够；那么这就告诉了我们全体同学，如果你们需要老师给予你们更多的关注与爱，先要做到“自己的老师自己爱”。老师上课前，你可以到办公室帮老师准备好所有上课的书本、资料和用具，将其拿到教室，为老师做好课前准备；下课了，老师讲课40分钟讲累了，帮老师将所有的资料搬回办公室或者其他班级；当老师布置作业的时候，问“今天作业多不多”，你们就大声回答“不多”，要热情到老师都不好意思。因为老师布置的作业都是经过备课组商量、全年级统一的作业，一般是合理的；如果这天各科作业都很多的时候，可以说：“单科作业不多，很合理，但是因为今天其他各科作业都很多，老师能否考虑一下减一道题？”第二个数字是：每节课40分钟，全班将近50人，老师就算一句话不说、一个知识点都不讲，平均到每个学生不到1分钟。而教育是公平的，是平等的，每位学生要学会将属于你的1分钟争取让老师单独与你对话沟通，这就要求老师提出问题时，你要积极思考，并高高地举起手回答问题；如果你能争取到2次回答问题的机会，那这节课你就赚了。

经过我这一番引导，班级的学生对科任老师热情得不得了，科任老师们都感觉被爱包围着，被学生尊敬着，与学生们的沟通相当顺畅，课堂气氛非常活跃，没有哪个科任老师不喜欢我们班。每次公开课，都是选择在我们班来上。因为课堂气氛活跃，学生思维活跃，辩论很容易在班级开展起来。一学期下来，学生的状态越来越好，学习成绩也不断提升。

这就是老师对学生的教育教学要进行具体地指导。比如，孝文帝改革的内容是中考的考点，该如何让所有学生都掌握。有的老师的做法是课后背诵，没有背完的留校。而我的做法是：将孝文帝改革的内容，让学生用一句话进行总结，学生有的能总结得出来，有的总结不出来。于是便在老师的帮助下，将之概括为“都说姓（幸）服（福）婚礼”。课堂给学生1分钟时间背诵，“一分钟后，小组一起背诵，我看哪个小组的关注度和强化记忆能力最强。我要求每个组最后达到的专注度是100%，即人人过关。”一分钟后，我看嘴型：“第一组，很好，有两位同学不会背诵，说明刚才1分钟的专注度不够，专注度为85%。”我这样一评价，第一组不专注的两位同学立即抬起了头，拿起书趁着他组背诵的时候赶紧记。“第二组，不错，有一位同学不熟悉，专注度90%”；“第三组，很好，全部会背诵，100%，掌声送给努力的第三组”。当第二轮进行背诵的时候，全班学生100%过关。“同学们的强化记忆能力都很强，每个学生都能在短时间内将这6条内容背得滚瓜烂熟。有的同学平常自信心不够，但是你看，只要你专注，就可以做到你认为自己做不到的事情，对吗？”这就是我的教学课堂的现场，每个班，我都这样具体地进行指导，所以在我的课堂上，几乎没有学生睡觉的现象，学生不一定历史考得很好，但是很少有人反感我的课堂。我已经工作23年，从未接到一个有关我教学方面的不满和投诉。

又如，一个班级的教室卫生，为什么有的班级三年都窗明几净，而有的班级三年都像垃圾场？难道班主任没有要求学生打扫教室卫生，注意教室卫生吗？当然，每位班主任大概天天都在叨叨，但是为什么结果千差万别？就是因为有的老师只习惯于指挥，而有的老师对学生的每一项要求进行具体地指导，慢慢就变成了学生自己的习惯了。

因此我们的教育教学，要做好具体地指导，这是解决学生所有问题的最合理方案。怎样才是合理指导？即告诉学生怎么做。这就是管理班级、组织好教学的三条原则。

第一，学生明确现在该做什么；

第二，他知道该怎么做；

第三，他做了之后，会得到什么样的评价。

一个良好的班级建设，具体的指导，要从第一节课开始。因为他刚刚进入学校，一是他对学校的规章制度还不熟悉，他对老师的脾气禀性还不了解，他对同学的相处状态还没有把握，他是怀着希望、带着期待进入校园的；二是家长在开学前做了很多思想工作，教育孩子要遵守规章制度，要听老师的话，要给老师和同学留下好印象，要他珍惜来之不易的学习生活等。所以就算调皮的学生，他都希望给老师留下一个好印象，都希望自己能改邪归正，都希望自己上进。可问题就是他的毛病还在，一开始他不得不收敛自己。如果你是“江湖高手”，可以解决他的问题。如果你没有本事，这个毛病迟早会显现出来。

几乎每次开学的时候，老师们都会有一个感受：这一届的孩子比上一届好，学生都很乖，没有调皮学生。其实不是这样。你是拿上个学期初三毕业的那些学生和现在这群刚刚上初中的学生比。所以严格的要求，要从第一次课开始，要从你进入课堂的那一刻开始。

师生有效沟通中的个案分析

案例一：解铃还须系铃人

一、沟通背景

早上好，老师！我是小兰（化名）的妈妈，我想了好久，本来不想打扰您的，因为孩子自从去上初中，她在家说得最多的就是您和语文老师，说你们两个是超好的老师，她很喜欢你们。自从上学期有一次我发现孩子的手上有几条轻微的刮伤印，我问她怎么了，她说是被抽屉剐到了，我也没多想，后来又发现了几次，她还是说不小心剐到了。慢慢地，我发现这不是意外，而是孩子有意自己剐伤的。就是有时候在学校遇到不开心的事就发泄在自己身上。而且孩子的脾气很容易暴躁，在家也是动不动就发脾气。我知道这是孩子心理出了问题的表现，感觉她的内心好脆弱，容易一受打击就有想不开的念头。上学期有一次回家哭，她说英语老师冤枉了她。那天晚上我也给英语老师发了信息，希望她别误会孩子。但是自从那次以后，孩子对英语老师是很不喜欢的，对英语课也没了兴趣，昨晚回家，她说她要转学，我问为什么，她说她在班上和同学相处得不好，然后我去找她聊天，聊得最多的是小文（化名）同学，她说小文处处刁难她，经常和她吵架。说小文因为成绩好就老瞧不起她。关于这个问题，我也说了自己的孩子，我觉得我家孩子肯定也有她不对的地方，我不会单方面就听她说别的孩子坏话。我也告诉她，去学校就要好好学习，学习成绩不好，我们就加倍努力，也要改改自己的脾气，和同学和睦相处。她也表示想和同学们和睦相处。还有她不想自己坐在后边，已经和我说过多次了，我总劝她，一切都是最好的安排。但孩子还是过不了这个坎儿，她也向班主任反映过她不想坐那边，说有同学影响了她的学习。但是班主任说让她管着他们，孩子说她管不了。就这样，孩子心里边又特别郁闷，觉得是班主任对她不好。哭着和我说了这些问题，我也安慰了她，但这是在学校的事，我这个妈妈也帮不上什么忙，只能在家干着急。所以我想求救于您，因为我知道您是一位非常能干的年级组长，在与孩子们说话方面也是非常有方法。我想请您和孩子聊聊，让她打开心结，接下来能够好好学习，麻烦您了。我知道您很忙，如果您有时间，我也想当面向您请教关于孩子的学习问题。

关于给您发的这些信息，请您保密，不要让孩子知道。我怕她受刺激，关于她的这些问题，我只对您一个人讲。

2019年9月6日一早收到这样的短信，我想家长一定是鼓足了勇气，才给我发的信息。我理解家长的困惑与艰难，更体谅短信背后是一个多么无助的家庭。所以我决定从故事中的女二号——小文入手。解铃还须系铃人啊！

二、沟通过程

步骤一：做通小文的工作寻求配合

小文战战兢兢地来到我的办公室，我打破僵局，“怎么了？紧张啊？”“嗯，好紧张！”过了一秒，“老师，我这次考砸了。”出乎我意料，孩子会谈到成绩，可见老师给孩子们留下的第一印象就是成绩、学习，这是一件不太值得称赞的事。我立即说：“不不不，我不和你聊学习，因为我认为对于你来说，对自己有要求、有目标、有追求，学习的自觉性、主动性、目标性不用我操心。你知道自己需要什么、做什么、怎样做。”小文一下子就放松了，这从她的面部表情可以看出。

在谈话之前，我知道我要谈的是人际关系，但我完全没想好要怎样谈、从什么角度谈。开场之后，我还是没有找到方向和角度，我决定边聊着边观察思考，随机应变。这里需要插一句的是：这样毫无准备的谈话，我也经常干。

“你脸上是怎么回事？”因为昨天上课我看到她的脸上好像被磕伤了，今天是发自内心的关怀，问了缘由，“过敏。”“身上其他地方也过敏吗？”再次插一句：因为我经常荨麻疹过敏，很痛苦，我本想从感同身受的角度打开话题，但孩子回答“只有脸上，而且第一次这样”。孩子的回答让我意识到感同身受法不能使用，于是我开玩笑：“哎哟，你这过敏也真会挑地方啊，小心别在咱们这张可爱而五官不错的脸上留下疤啊。”孩子笑了。我知道接下来我可以开始我的正式谈话了。

“今天找你，主要想聊聊班级的生活、人际关系等。”我单刀直入地开始了我的话题。孩子不假思索地回答：“班上大部分同学很好，某几位男生总是有些捣乱，尤其是某某同学，但他人品不差，就是控制不了自己。”从孩子的谈话中，可以判断出，她是一个关心班集体也善于观察和发现的孩子，她也是一个敏感型的孩子，所以接下来的谈话要更有智慧，于是我心里有了主意。

“除了班级的纪律之外，根据我一年来的观察和了解，我觉得咱们班女生之间的关系有些微妙。”没错，我用的是“微妙”这个词，因为在我的词典里，这是一个中性词，既能表达出关系的一种相对复杂性，也不带有贬义。孩子一听，感觉找到了知音：“是啊是啊，班上女生分为两批，一批是我和××，因为我们成绩好也爱笑，我们之间关系很融洽；还有一批是小李和小兰。”没想到孩子主动说到了我今天谈话的主题“帮助小兰”，我心里窃喜，这谈话水到渠成啊，但我不能表现得刻意。我没有说话，孩子继续讲述着小李的事情，尤其是重点描述了她和小兰之间的故事。

这个故事源于上学期，涉及小高、已毕业的初三的男生，故事的情节就是常见的女生之间互相议论彼此，小兰告诉小高，说小文骂了小高，小高的“男友”出头找小文麻烦，此事由老师处理了。事实是小文没有骂小高，是小兰自己编造挑拨的矛盾。这样小文和小兰的矛盾就此产生了。（这之间的人物关系有点复杂吧，简单来说，就是女生很敏感，尤其是青春期女生之间的交往很容易牵扯这些口角是非问题。）

孩子讲完她们之间的故事，我问：“你自己对这件事情是怎么看的？”“我爸爸说，小兰不是一个善良的人，是喜欢挑事的人，让我不要理她。”孩子说完，看着我的眼睛，大概是在探询答案，我顿了顿，说：“爸爸是出于爱护你的角度，害怕你受伤害的角度来看待问题的。父爱如山，你有一个爱你的爸爸，真幸福！你想不想听一听我的看法？”我充分肯定了父亲的做法与立场，这样让孩子心里会很舒服，也试探着将自己的观点表达出来；往往老师这样沟通交流的时候，一定不会有任何阻碍的，因为孩子觉得你走进了她的心里，你理解了她也理解了她的父亲。你征询似的口吻，也表达了对她的尊重。孩子很愉快地点点头。

得到许可后，我轻声说：“孩子，你知道吗？其实我心里特别心疼小兰。”孩子一脸愕然，脸上写着“明明是她冤枉了我，老师怎么还心疼她呢？不更应该心疼我吗？”我看出了她的疑惑与不解，“你大概觉得不可思议，或者觉得老师的思维怎么与众不同。

是的，我觉得心疼她是因为：你和××等这批孩子，都很阳光、开朗、乐观，成绩还不错，老师们都很关注你们，你们在班集体中有话语权，你们很幸福；可是小兰相对来说比较内向，不太善于表达自己，她的朋友少；可是她和你们同样的年纪，所以她更渴望被关注，渴望有朋友，渴望像你们一样没心没肺地开心快乐，像你们一样遇到了什么事情，说完就不会放在心上了。可是她心思相对比较重，很多不快乐的事情容易积压在心头，她渴求被关注，所以我心疼她。”

孩子听了我这番话，恍然大悟，连连点头，“是的，是的，老师说得太对了，我们确实很开心很快乐。”我接着说：“人，求关注的方式有很多种，咱们中学生的方式主要有两种，一种是祈求或者巴结或者示好，还有一种方式是制造麻烦。无论哪一种，都是为了寻求别人的关注，只是第一种惹人喜欢，第二种令人不好接受。”孩子认真地听着。

我继续我的谈话：“你和××主导着整个班级的舆论，你们作为大气、宽容、阳光的孩子，我希望你们主导着班级舆论的方向，你们有责任和义务挑起班级舆论的这个重担，你们有义务将全班同学都团结在你们周围，这是责任、是使命，更是担当。”孩子被老师放到一个如此高的角度和层次，一下子豁然开朗了，一下子明白了自己的责任与重担；我乘胜追击：“一个真正优秀的人，是能海纳百川，心里能接受所有对他好也对他不好的人；比如我，我从不对别人摆脸色，不管你喜不喜欢我，我都笑脸相迎，我都快乐地和你打招呼，因为在我的理解里，你不理睬我，是你不快乐，你怎样对我，是你的事情，而我怎样对你，是我的事情。”孩子表示认同：“是的，老师，这一点你特别让人敬佩。”

找到了解决的途径，我开始教她方法了：“不管曾经发生了什么，既然是误会，解铃仍需系铃人，所以你要主动改善你们之间的关系，你要主动和她交好，就算不能成为朋友，起码可以做最好的同学，你说对吗？”孩子肯定地点点头。最后我补充说：“爸爸和老师的做法都没有错，只是我们站的角度和位置不同，爸爸是父爱如山，老师更多是从人生引领的角度出发。”

走时，孩子说：“老师，你放心，我今天就主动找她。”

步骤二：打开小兰的心结找到问题根源

我不是班主任，只是科任老师和年级组长，到教室里将学生找出来，是一件很突兀的事情，更会给青春期的学生提供议论纷纷、各种揣测的机会，所以我决定请班主任找小兰来。

小兰同样一脸懵懂地坐到了小凳子上，同样满脸狐疑地问：“怎么啦？我犯什么错了？”每次听学生这样问的时候，我既觉得学生们真是可爱，又觉得老师在学生心目中的形象似乎不太好。

“我感觉你上课没有精神，不太快乐的样子。有什么事情让你不开心，老师能帮帮你吗？”我直奔主题。我话一出口，小兰的眼泪就流下来了，这真是出乎我的意料，我立即拿了纸巾给她，一边看她痛苦的样子，一边说：“你一定遇到了什么难事。如果你觉得陈老师值得信任，你可以告诉我，也许老师不能帮助你，但是说出来，心里会舒服些。”

小兰一边流着泪，一边诉说着她和小文之间的事情，与小文说的一致。我静静地听小兰讲完这个过程，中间没有插嘴没有打断，给了她足够的尊重。

“其实你当初这样说，也是冲动，事后你也觉得伤害了小文。你们本来是不错的同学关系，现在这样，你也很后悔，也想弥补，对吗？”（我站在小文的立场，与她共情，说出了她当下的心情、当下的心境、当下的想法。我的共情很明显打动了小文，说到了她的心坎里，她似乎找到了知音，找到了一个可以理解她的人。）

“是的，我很想道歉，可是她不理我。”小文止住了流泪，沮丧地低下了头。

“如果你是小文，你是什么感受？”（我让小兰换位思考，因为事情是小兰造成的伤害，她需要首先站在受害方的立场去思考，才能理解对方的心境。）

“我会很伤心，因为无端被冤枉。”小兰很坦诚地说出了设身处地的感受。

“所以，小文不理你，是不是可以理解？”

“可以理解。所以，我很想弥补。”（一个人犯了错后，都想去弥补对方，以减轻自己的负疚感，可是如何去弥补，作为13岁的学生来说，不一定懂得。）

“如果你是小文，你希望对方怎样弥补你？”（老师的沟通，除了与学生共情之外，更重要的是要教会学生学会共情，站在对方的立场思考问题，才能真正找到问题的突破口。）

“主动道歉。”（小兰说出了一点，可是这一点，她已经努力过，已经做过了，但是没有效果；看来孩子还没有找到解决问题的根源。）

“你已经道过歉了，为什么你还难过呢？”我试图引导她。

“她不理我，有时我想和她说话，看到她的表情，我就不敢开口了。”

“是的，你的不快乐根源在这里。你有没有想过，如果你是小文，对方伤害了你，你不理对方，你希望对方怎样做，你才能原谅她？”我再次引导小文找到问题的解决方案。

“看到诚意！”

“对的，怎样才是诚意？”我继续追问下去。小文一下子答不上来，抬眼等着我的答案。

“你找她，她不理你，于是你不再找她，请问你的诚意够吗？”我仔细地分析着。

“不够。”

“怎样才够？”

“多次找她。”

“很好，这就是解决的方案。老师再提供一个思路给你，比如买一件小小的礼物送给小文，并写上几句话，表达心意。你觉得如何？”（我提出了建设性方案）

小兰眼睛一亮，快乐地说：“谢谢老师，我知道怎么做了。”听到小文这话，一下子感觉孩子轻松了，放开了，心里的千斤石头落地了。

“嗯嗯，试试吧，祝你好运！”

二、沟通效果

以下是我和小兰妈妈的聊天记录。从聊天记录中可以看出，这次沟通后，孩子的问题解决了，心里的疙瘩解开了，人也开心快乐了很多。

我：刚才找您女儿来聊天了，她自己坦言与小文之间的关系，我引导她学会放下曾经的误会、彼此的成见，就算不能做朋友也要做有正常友谊的同学；我鼓励她是个宽容、大气的孩子，她愿意去尝试。今天上午，我找小文之后，您女儿找小文说话，小文回应了她，平常的话小文都不搭理，这就是改变，这就是开始。今天我称为破冰行动，她俩都愿意尝试。对于您女儿的苦恼，主要来源于人际交往，所以我们帮助她在这个方面调整自己。

小兰妈妈：好的，太谢谢您了。她就是缺少一个能袒露心声的人，我们在这方面也不怎么专业。在您的引导下，她说出了她的心里话，就是一个好的开始。我也会和她一起去面对问题，希望她早日找回原来的自己。

我：她还告诉我，昨晚和您说了从初中以来的所有苦恼。

小兰妈妈：是的，因为她总是不怎么开心，我还专程去找了心理咨询师，咨询师让我慢慢地去和她聊。

我：今天课间时间有限，我以后再找时间和她细聊。一个人愿意敞开心扉，就不会出事的。我有这个技巧和能力走进孩子的心里。

一段时间过后，小兰妈妈再次发来信息：您好，老师！小兰最近在家改变了好多，回家也没那么郁闷了，非常感谢您的帮助。前天晚上她还告诉我，“我们陈老师可喜欢我了，我特别喜欢上她的课”，在孩子心里，您就是“女神”，听她这么说，我心里好高兴，得说出来和您分享，也感谢您对孩子的帮助。

我：我也感觉她在班上的笑容多了，人也精神了，管理班级很大胆。我那天还说“可喜欢现在的你了”，她特开心。

小兰妈妈：是呀，她一回家就告诉我了，心里可高兴了。所以我要谢谢您对孩子的鼓励。

我：孩子有变化，我真心高兴。

小兰妈妈：是呀，还是您有办法。

三、教育感悟

共情，是教育的至上法宝。教育不需要高大上的理论，教师，也不需要有多高的学历，一个教师，想要走进学生心里，获得学生的信任，只有“共情”二字，即我们常说的同理心。诸如“你很棒”“你很优秀”“你真不错”“你有出息”这些话，不是共情。这些话，直白了说，是应付、是敷衍，毫无价值。对于敏感的学生来说，这些话有时还是一种讽刺、一种嘲笑，所以不如不说。真正的共情，是教师能站在学生的立场，站在学生当下的心境，设身处地地说出学生的真实感受、真实体验，能真正地感受学生的快乐、痛苦、不安。只有共情，学生才可能向老师说心里话，老师才能与学生一起解决问题。

相关，是沟通中的重要因素。在与学生的沟通中，不相关的人、不相关的事都不要牵扯到本次沟通中；否则不仅淡化了谈话的效果，更让这次谈话变成了一次说教、数落，会让学生觉得老师是在秋后算账。一旦学生有了这种防御心理，老师所说的所做的都基本是无效的了。就本次沟通中，只涉及一件事两个人，我就只谈一件事，只找两个人，其他无关人员没有出现在我的谈话中。这样的谈话主题鲜明，目标明确，解决的方案就有针对性，因为解铃还须系铃人。

案例二：我与小明的一次谈话实录

在教育过程中，教师更多关注的是两端的学生，即优秀生和学困生。而对于中等学生，是教师教育过程中容易被忽视的群体。这个群体数量庞大，而这个群体却是最有潜力的。如何正确引导这个群体向更优秀的方向发展，我认为，在学习目标的制定上要合理，否则将适得其反。

一、沟通背景

我校是个教育集团，有6个校区，从幼儿园到高三全覆盖。小明（化名）同学的初中三年、高中三年都在我校就读。

初中阶段：刚入初中时，根据入学考试，成绩年级排名在300名外（年级共近800人），成绩中等。按照教师的惯常思维和习惯，他是很容易被教师忽略的学生。果不其然，一个学期了，他在课堂上很少被关注到，课后也较少被找来辅导，而我还不是他的科任老师，只是年级的副级长，他更不会在我的关注范围之内了。

第二学期开学，就是学生的军训。军训第一天，我突然收到一条手机短信，是小明的家长给我发来的："陈老师，很冒昧给您发信息，知道您工作很忙，我是×班小明的爸爸。孩子目前的状态，我很担心，特别想请求您的帮助：班主任反映他有些调皮，偶尔会顶撞老师，卫生值日也会溜号；他在学校住宿，只有周末才回家，回到家就玩游戏，也不怎么与我们沟通。我们文化不高，也不懂得如何交流，拜托陈老师在百忙之中，帮我关注一下孩子。感恩有您！”

收到信息，我决定去接触接触这个孩子。利用军训午休时间，我找到教官，将小明找来聊聊天。

二、沟通过程

“小明，认识我吗？”

“知道，您是×班班主任，也是副级长。”

“让我猜猜你在想什么。你脑袋里是不是一直在想：我犯什么错了？”小明很不好意思地点点头，因为他的心思被我猜中了。

“你心里一直在嘀咕：找我干吗呢？”小明再次使劲点头，但明显看得出，他已经没有开始那么局促了。

“老师自己也觉得很唐突，但我上午经过你们班，放眼望去，你看起来最精神最可爱，是我欣赏的类型，所以就那么唐突地想和你聊聊天。”小明腼腆地笑了笑，开口了：“我哪里精神呢？是因为剃了头发吧？”（军训基地都要对男生理平头）其实说他精神，只是我找的一个夸赞的理由，听他这样具体地描述，也为我一下子找到了台阶，找到了话题。

“是啊，是啊，现在理个小平头出来，你就是个小战士，军营中最靓的那个仔。”（《向往的生活》中很流行的一种说法）听一把年纪的老师还能说出这样时尚的词来，一下子就拉近了我们彼此的距离。小明脸部表情完全放松了。我就开始和他闲聊。

“小战士，军训累不累？”

“累啊，腰酸腿痛的。”他扭扭腰、抬抬腿，可爱的动作逗笑了我。

“是哦，确实很辛苦啊，踢正步，脚要离地面，要绷脚背，还要保持几秒钟，需要平衡啊。”

“对啊，而且我们教官还挺严的，脚要是放下来了，教官飞一般到了你面前，口哨一吹，吓死人了。”我哈哈大笑，小明惟妙惟肖的描述真是太传神了。

“你描述得太生动了，你不去做编剧，真是可惜了。”被老师这样肯定鼓励，小明明显激动了起来。他的话匣子开始打开了。

“只有老师您才这样肯定我，以前老师都很少找我的。”

“嗯嗯，你是不是觉得自己在班级可有可无？是不是希望老师能多关注你？”

“有点，所以有时候我会故意上课讲话，有时候故意卫生溜号，我知道这样不好。”

“没有不好啊，我觉得非常好，我觉得你的做法没有可指责的；相反，如果是我，我也会这样做。因为我没有别的方式，学校除了学习还是学习，活动不多，课堂和卫生是基本的日常活动，不在这些事情上下功夫就更没有机会了。”小明听了这话，有些错愕。

“虽然是这样，但这样也是不对的啊，影响到别人了，也影响到了老师。”他说完，低下了头，大概在自我反省，也在等待着常规下老师的鸡汤或者其他的教育方式。我故意没有说话，停顿了几秒，我想让他内心的这种纠结或者反省的时间长一点。过了一会儿，我若有所思地说：“嗯，小明，虽然我才认识你短短几分钟，但是你让我看到了一个相当诚实的学生。不仅如此，你更是一个懂得自我反省、自我剖析的学生。你善解人意，谢谢你，我很欣赏这样的你。”

“谢谢老师。”从他正眼看我的眼神和诚恳的语气，看得出，他已经开始信任我了。我决定切入正题。（老师的沟通是不是不容易啊，为了拉近距离，费尽了心思。）

“你欣赏什么样的男生？”（我没有自己下结论，而是引导学生自己说出来。）

小明若有所思：“有责任、有担当、成绩好的男生。”

“可以具体一点吗？比如，怎样才算是有责任、有担当？”（虽然学生能高度概括出优质学生的特质，但这是个很抽象，或者说是个很冠冕堂皇的描述，我觉得需要具体化，看看学生能否真正理解什么样的行为才叫作责任和担当。）

“对自己负责啊，不给别人添麻烦。”（不添麻烦，是在进一步阐述责任的表象之一。）

“怎样才叫作不添麻烦？比如，以班级生活为例来说说，老师不是很理解。”（我装不懂，目的是引导学生能对问题有更清晰地描述。）

“比如，今天该你值日，你不管有什么事情都要值日，值日是你今天的责任，你没有做到，就是不负责任。”（很明显，小明已经在结合自己的实际情况，开始认识到了自己的问题。这个时候，老师不能下结论，不能武断地做出评判。）

“有道理。”（我肯定他的看法，一声“有道理”，鼓励了学生继续说下去的勇气。如果这个时候老师贸然地打断，你们的对话最后就会变成老师说教、老师“一言堂”了。）

“还有比如上课，不打扰老师上课，是每个学生的责任。谁要讲话，就是对别人不负责任。”

“嗯嗯，非常具体。还有吗？”

“比如做作业，是每个学生的义务，不认真完成作业、缺交作业就是不负责任。”

“哇，你观察和分析得很仔细哦，你是个善于思考的学生。”（再次肯定与鼓励，得到老师的认可，学生有更进一步交流与沟通的勇气了。）

“比如尊重老师，这也是责任与义务，顶撞老师是非常不礼貌的。”（小明在说责任的时候，其实就是自我批评与反思的过程。）

“小明，我没有想到，你小小年纪，对学生的责任竟分析得这样具体透彻！”（我竖起大拇指，为他点赞。）

“我自己在这些方面做得不够好。”（小明见老师不提自己，他似乎按捺不住，往自己身上说，这不就是我今天找他谈话的目的之一吗？嘻嘻，我这个老师，是不是有点坏？我不说，让你说。）

“怎么这样说自己呢？”（我装傻，现在的学生都很机灵，如果我不装傻的话，他便以为是班主任告状了，这对于班主任工作是相当不利的。）

“我上学期就有逃值日、上课讲话、缺交作业、顶撞老师的时候。”（小明很坦诚，一口气列出了自己的四大“罪状”。）

“这很正常，哪个学生没有犯过这样的错误？你能举出从不犯错误的学生的名字吗？”（既然学生已经有了明确的认识，老师这时候要做一个善解人意的知心姐姐，站在学生的立场，与学生共情。）

“好像还真没有。”（小明想了一会儿后回答。）

“是的，人之常情啊。”

“这样，我心里就舒服一些了，我以后不会再犯同样的错误了。”（小明是个非常懂事的学生。）

“我特别佩服你的勇气；你有勇气主动向老师承认自己的问题，也有勇气改正自己的错误。小明，你知道，这就是真正的责任——敢于承认错误，勇于担当，并将做到知错就改。”（老师平常习惯说“并知错就改”，而我刻意说成“并将做到知错就改”。

是啊，知错就改，只是思想层面；而一个学生要改变自己，根本在行动层面，所以“将做到知错就改”，也就包含着老师对他的期许。）

“老师，我一定会改正的。”（小明用肯定的眼神看着我。）

“短暂的接触，你就是我要找的那个有责任感的男生，真正军营里的战士。”（男生都有军人情结，这个时候，将军人情结与他再次联系起来，会强化学生的自我认知，“我就是战士，战士就要勇往直前，战士就要不怕困难”。这样简单的英雄教育，不需要讲什么感人的英雄故事，不需要多么生动的语言陈述，一个小小的肯定，可能对一个男生的一生都将产生深刻的影响。）

家长所反映的第一个问题：上课违纪基本得到了初步沟通，接下来是不是该聊聊玩游戏的事情？我开口了：

“你走读还是住宿？”（我话锋一转）

“住宿。”

“家里住得远吗？为什么住宿呢？”（我这个老师也是够能装的哈，明明知道学生住宿，还故作惊讶。唉，你以为当老师容易呀，你总不能出卖家长吧，也不能显得老师好像是做好功课来的，而人家学生一无所知，这是多不平等的沟通啊。要显得平等，从语言开始。）

“嗯嗯，住得有点远。”

“不容易哦，小伙子，12岁就离开父母自己生活。习惯吗？”（“不容易哦”，就是最直接的共情，一下子就能放松学生对老师的戒备，这样的共情是必需的。如果没有这样共情的基础，就没有继续深入诚恳的谈话。）

“还行吧。”

“真心佩服你！很多同学在家过着衣来伸手饭来张口的生活，

而你……”（我没有其他多余语言，直接再次为他点赞，并具体描述我佩服他的原因。老师在沟通的时候，无论批评还是鼓励，一定要具体，不能空洞，否则达不到效果。）

学生大概被我表扬得不好意思了，没有说话。

“回家后怎么安排的？”（瞧瞧，我已经进入今天的第二个小话题了。）

“回家啊，没有什么特别的安排。”（明显，学生不愿意自己说出游戏的事情，或者也是一时没有想起。）

“洗个舒服的澡，开个音乐，登录英雄联盟，看看昔日的网友们在线等吗，躺在床上享受快乐的周末时光。”（我用陶醉的表情描述着回家后的状态，并直接说出我要沟通的现象，但没有任何要指责的意思。）

“是啊，是啊，这样很放松，我也喜欢这样。”（学生多单纯，马上与老师共情了。）

“我不太懂这些游戏，和我说说呗。”（这个话题很直接，因为我实在不知道怎样去沟通，所以就直截了当地问了。）

“……”（学生说了很多很多，怎么上网，怎样购买装备，怎样过关。很明显，这个游戏是他相当擅长的。说实话，我从不玩游戏，他说得我晕晕乎乎的，我实在也听不懂。老师经常就是这样，会遇到自己不擅长的领域，怎么办呢？那就迎难而上。我装作听得很认真，时不时还应付着“哦”“啊”“真的呀”。）

“老师不擅长，我是个游戏盲。看得出你很娴熟。”

“玩得有点多。”（小明不好意思地说。）

“怎样叫作多？”

“周末回家就会玩，有时候半夜会偷偷起来玩。”

“半夜偷偷起来玩？”（这是出乎意料的沟通啊，家长都不知道的事情，学生竟然对我和盘托出，这是何等的信任啊！）

“是啊，有几次晚上睡不着，我就偷偷起来溜进书房。因为我们家电脑是在书房的，怕吵醒爸爸妈妈，不开灯，有时候玩到早上大概我父母要起床了，我才回房睡觉。”（我真没想到学生能那么诚实啊！）

“谢谢你信任我，愿意告诉我这些。”

“嗯嗯。”（小明点点头。）

“你这个频率和状态玩游戏，你觉得是正常还是有点多了？”（我试探性地问，注意我这里用的词是“有点多”，而不是“多了”，因为这样的描述，在一定程度上，能减轻学生的负罪感，减轻学生的心理压力。）

“有点多。”（小明低下头，没有看我的眼睛，大概在等着我教育他一番吧。）

“我也觉得有点多。”（我没有问这样做有什么坏处？因为我想，没有哪个学生不知道游戏的坏处，从小到大，家长已念叨过无数遍了吧，我再念一遍，实在是太多余了。）

听我这样说，小明再次肯定地点点头。

“怎么办呢？”（我抛出问题，让小明自己想办法。）

“减少玩的时间。”（小明说出了一个方案，但这个方案很熟悉，能做到的人真不多，所以需要将这个方案具体化。）

“怎样才算是减少？”（方案的具体化，需要在时间上下功夫。）

小明毫不犹豫地回答：“不玩。”（这个方案听起来大快人心，似乎立竿见影就可以解决问题。但是在实际生活中，这是一个完不成的方案。因为一个人习惯的养成不是一时一天可以做到的，它是一个漫长的过程；有的习惯，比如迟到，比如讲话、开小差，有的人是一辈子都改不了的。这个方案听起来很完美，但是学生本人没有具体的措施，所以是非常不合理的。）

“不玩，这个想法很好，这也是我们要达到的一个终极目标。但是在实现这个目标的过程中，我们再将它细化一下或者目前可以具体做到的方式，我们一点一点地做，日积月累，慢慢地就可以解决问题。”（我没有否定小明，而是肯定他的方案可以作为一个长远目标，这样做的目的是引导学生将目标细化，将行动具体化、可操作化。）

小明没有吭声，大概还没有找到具体的措施。

“老师有个想法，不知道是否正确？”小明听我这样一说，抬起头用渴求的眼神看着我。我继续说，“是否可以减少玩游戏的频率或者规定不准玩游戏的时间段？”（我用建议的口吻，以提问的方式和他探讨，这充分表达了对学生的尊重，也更表示解决问题需要调动学生的自主能动性。）

“好，我努力做到，半夜坚决不起来玩游戏。”小明肯定地说。

“有决心！但是，要做到需要经历一个痛苦的心理挣扎的过程，你做好准备了吗？”（简短而温柔的话语，似乎一下触动了孩子的内心，这就是老师沟通中的共情。老师只有进入在学生当下的情境去思考，并能准确地说出他当下的心情心境，才会让学生有找到知音的感觉。共情是教师沟通最基本的前提。有了共情，学生才愿意敞开心扉，才愿意与老师一起想办法解决问题。）

“我知道，这是个痛苦的过程，但我做好了准备。我让爸爸妈妈将电脑设置密码，我半夜打不开，想玩也没有办法。”（听到这儿，我一下子释然了，小明已经开始主动地提出具体可行的方案，而且对自己有一个清醒的认识，认识到自己需要借助外力。）

“我看这个方法可行！”（我理解鼓励小明。得到了老师的肯定，小明更激动了。）

“其他时间，我会减少频率。”（这好像又回到了前面的问题，不具体。）

“怎样才算是减少频率？”我很认真地问。

“删除游戏账号。”小明很果断地说。（这点很出乎我意料，要戒掉游戏是很难的，而删除账号是最基本的一步，可小明竟然主动提出来了。）

“删除账号，这需要很大的勇气和决心哦，你确定要这样做吗？”

“确定，只有删除账号，我才没有办法登录。”

“孩子，我由衷地佩服你！说明你是个果敢的孩子，但是许多事情说起来容易，做不起却很难啊！”（我很坦诚地将眼前的困难摆出来，因为只有直面困难，才能真正地开始迎接挑战。）

“老师，我担心我自己可能做不到，你告诉我爸爸，让他监督我删除，并将电脑收起来。”（小明是个明事理的孩子，也是一个很善于沟通的学生，在难以掌控自己的时候，主动寻求帮助。）

“小明，第一天认识你，但是你给我留下的印象非常好：你坦诚、果敢，自我认知准确，这些都是许多同龄孩子不具备的品质。我的教育生涯也有20年了，你是我见过的为数不多的有担当的孩子，我很欣赏你。”（我毫不吝啬自己的赞美之词，发自内心地赞美。得到老师如此高的评价，小明信心更足了。接下来他一股脑将他父母都不知道的有关他的一些小秘密都告诉了我，完全把我当成了他的朋友。）

“谢谢你信任我，这是我们俩之间的秘密，我不会告诉其他人的。”

我停顿了一会儿，因为我要解决的任务还没完成。

“你觉得你可以坚持多久不玩游戏？”（我将思路拉回来，听我这样一问，小明有些为难，因为他自己也没把握。）

“不知道可以坚持多久，按照我以前的话，可能几天之后又会反复了。”（这是实话，一个坏习惯要改掉，哪是一两天就可以解决的？有的坏毛病，有的人一辈子都改不了。）

“会反复是正常的。谁都不是机器，一摁开关就按照既定程序运转。但是想听听老师的建议吗？”我再次为他提供一个解决的方案。

“想，老师帮帮我！”

“一个习惯的养成需要21天左右。你愿意坚持21天吗？这21天里，你会烦躁不安，会情绪低落，会寂寞空虚，种种不良情绪都会存在，你需要去克服。愿意去尝试吗？”

“愿意。我从军训开始，这一周就是5天！”

“对的，这21天每一天都当作在军训。”

“好的。”

一个停止玩游戏的沟通就这样愉快地决定下来了。小明回宿舍之前，我揣了几个鸡蛋和圣女果，让他带给同学们。（这些都是军训时教师们的课间餐点。）

三、沟通效果

和小明的这一次长谈之后，我立即回复了家长，并将与小明谈话的基本内容简要地反馈给了家长。家长无比感激，决定按照小明的方案：一是将电脑收起来，只有需要的时候才用；二是监督儿子删除游戏账号；三是带孩子多出去运动，一方面增强孩子体质，另一方面分散其注意力。

因为我不是班主任，没有天天见到小明。但是每过几天，我就会找他来聊聊天，说说他最近的情况，并帮助他做一些方案上的改进或者提醒。有一次我让他录了一段一分钟视频（现在还在我电脑里存着），“我向自己说什么”，在视频里他谈到了对自己的学习要求与人生目标，谈到了自己的爱好与不足。

通过家长、班主任、老师们，尤其是小明自己的努力，游戏戒了，以前的调皮小伙慢慢成了老师心目中的优秀学生。他的学习成绩，通过三年的努力，由最初的年级300多名到200多名、再到100多名，最好的一次考到了年级第68名，最后直升到了我们集团高中部。

四、教育感悟

沟通是人与人之间、人与群体之间思想与感情的传递和反馈的过程，以求思想达成一致和感情的通畅。这里有两个关键词：“一致”和“通畅”。但我们现实教育的沟通中，存在的问题往往也在这两个关键词上，沟通的结果往往变成了老师的一厢情愿。沟通的效果是：沟而不通，通而不畅，畅而不久。如何才能做到有效沟通，就是要坚持三个原则：尊重、相关、合理（此三词的概念在本书中有详细阐述，此文不再赘述）。

当然，教育不是万能的，教育过程具有曲折性、反复性、艰难性，不是每一次沟通都能成功，不是每一次教育都很顺利，不是每一个学生都能通过我们的教育就能达到效果。我们工作中有更多的失败或者不太成功的案例等待着我们去研究。

案例三：我是精英　不是懦夫

写给极度自卑孩子的一封信

一、教育背景

笑笑（化名），13岁的男生，这是一个极度自卑的孩子。身体肥胖，不爱与同学交往，没有朋友，同学们不认可；最初老师们以为他智力有问题，后来接触中发现，智力正常，只是肥胖；据家长陈述，肥胖带来了三高，尤其是高血压，所以老师们不敢严格要求他，比如体育课，不敢让他完成规定的任务，其他科任老师也不敢给他提课堂要求及作业要求；多次逃课：信息、美术、体育等；初一的第一学期，作业交的次数非常少，几乎不做作业；初一的第二学期开学第一周，交了几次作业，有进步。在课堂上基本就是在睡觉，而且深睡，需要大声叫喊才能叫醒。我尝试过很多方法与他沟通和交流，家长也采取了很多办法，但是收效甚微。

见字如面

爱徒笑笑：

你好！

我和你的第一次谈话中说过：“只要你军训期间表现好，努力做到最好的自己，我会有一份惊喜送给你。”今天的信件，就是我送给你的惊喜。我想，从小到大也13岁了，这大概是你人生中的第一封信件吧？一个学生能收到来自老师的信件，概率是不太高的，尤其还不是亲自教你课的老师的信件，更是凤毛麟角。起码就我自己个人的经历来说，只有我给老师写信的份儿，却从未收过老师的回信，更别谈老师主动给我写信了。

虽然你只参加军训一天，因为身体的原因，不得不退出军训，但我想，你内心一定也不情愿离开，那么请你锻炼好自己的身体，高一的军训就不要再错过了，不要再给自己留下遗憾了！在你仅有的一天的训练中，从你到达军训场地的那一刻，我一直默默地关注着你，你克服了其他同学难以克服的困难，你有着其他同学所不具备的毅力与坚持，我大声地告诉了你的伙伴们：“笑笑，让我很感动，加油，笑笑！”我不知道我说这话时，你内心的感受是什么，但我是发自内心的赞赏。笑笑，虽然在家里，但是这一周的时间不能懈怠不能荒废了自己。我要求你：仍然早上7点起床，晚上10点睡觉，早上和晚上都要有锻炼，白天要有学习，生活上要节制，严格控制自己的饮食，碳酸饮料坚决不能喝（碳酸饮料容易催胖了身体）；如果能够利用这一周，将上次和你谈到的篮球计划实现，那将是最完美的了。我相信你能做到，并期待每天都能接到你的电话，和我聊一聊你一天的生活。

我也不知道自己为何愿意如此热心地帮助你，也不管你是否喜欢是否接受，但我就这样霸道地直接地走进了你的生活，成为你人生旅途中最重要的人之一了。只是作为年级之长、作为名班主任工作室的主持人，我有责任有义务帮助我身边需要帮助的每一个学生，而你恰恰成了这个年级我想认真去帮助的第一人。说实话，最初我没有太大的把握，我也是抱着试一试的心态开始与你有了第一次谈话。但通过第一次谈话，我发现你并不反感我，并不抗拒我，于是我才有了信心与你有了第二次、第三次，将来还会有更多次的交流。

年少没有太多的审美观和自我克制力，遇到美食就想吃，一吃就容易多，反反复复，就催胖了自己，当发现时，已经成了一个难题。笑笑，你是幸运的，当你面对难题时，有老师和家人和你一起面对、一起解决。你在减肥中心参加过几次减肥，花费了不少，但后来反弹严重，这并不是说减肥没有用，而是因为减肥是来自外力，你是被动地、强制性地接受，你并没有从内心自省地去接受它，当外力停止了，你内心还停在原地、你的习惯还停在原地，所以你反弹就快了。因此这充分证明了：只有笑笑你自己主动地、发自内心地有减肥的愿望，并且下定不惜一切代价都要减下来的决心，并付出艰辛的持久的努力，改变自己不良的生活习惯，才能真正地做到减肥；一旦你下定决心，对自己狠心，不那么心疼自己，你的减肥一定会成功。因为肥胖，你一直离同学很远，一直与集体有一段距离，你一定也很孤独、很落寞、很无助，你一定想改变不良的状态；因为肥胖，你缺乏信心，甚至有些自暴自弃，一直处于金字塔的最底层，你一定想改变自己的命运；因为肥胖，你常常被边缘化，常常收到别人异样的或者不自觉多看一眼的目光，你一定不喜欢这样的场景；因为肥胖，有时被贬低，有时被呵斥，有时被嘲笑，不管别人是有意还是无意，这一定都是你的痛，你无以言状的痛……笑笑，说到这些，老师很心疼你，老师都忍不住想拥抱你，才不到13岁的孩子，就要承受如此大的压力，承受如此大的心灵打击，承受如此大的痛苦。

笑笑，你的这些经历，我都感同身受，但这些挫折给你带来痛苦的同时，也给你带来财富，这财富源于你强大的抗挫能力、强大的内心、强大的自我保护。笑笑，每个人面对痛苦的态度不一样，它所产生的结局也是不一样的。如果你把痛苦当作痛苦并自暴自弃，它永远是痛苦而且越来越痛苦，越来越糟糕；如果你把某种痛苦转化为力量，把某种糟糕的生活转化为一种成长的责任，把某种自己生命的成长转化为自己的期许，那么痛苦就会让你变得强大无比、坚不可摧，当你从这段痛苦中走出来之后，今后不管发生什么，你都无所畏惧了。

笑笑，陈老师是一个经历非常丰富的人，是一个经历许多人生坎坷的人，是一个经历生死离别后还能永远保持微笑的人。我，是一个不信命的人，因为我觉得：人，确实都具有命运感的，这个命运感，不管你怎么去理解它，它都在帮助你，当然，也有可能在限制你，最后当你直面它的时候，它也就成全了你。这种成全，使得你生命有自主的力量，有从容感，当你回味生命过往中那些细节的时候，有时充满了温暖、柔软的感觉。现在的我，可怜、自怨自艾这一类感觉会越来越少，也许是我变强大了，我不需要给自己找某种温暖，我现在更需要的是一种责任、一种承担、一种付出。此时，那些挫折、伤害，或者生命里匮乏、生命里无法超越的局限，它都会有一种自然的转化，转化为属于我的东西；只要我拥有它，才能获得生命的一种财富，是生命中独一无二的、属于我的一种精神财富。所以，我希望你成为一个强大的人，成为一个坚不可摧的人，成为一个敢于直面困难的人，成为一个对自己负责的人。

爱徒笑笑，陈老师工作很忙，可能不能经常主动找你面谈，但请始终记着陈老师第一次聊天时给你的期许：笑笑一定是未来的精英；你的思维能力强，理科将来是你的强项。那么笑笑，请从减肥开始，请从管住自己的嘴开始，请从迈出自己的腿开始，请从动起自己的手开始，减肥、学习，每一项给自己定计划定目标，相信不久的将来，笑笑一定会成功。

在人生的每一个阶段都会有不同的困惑与难题，世界上没有哪个人可以轻易地成功。失败和挫折使人苦闷、沮丧、愤慨，但人何尝不是置之死地而后生？笑笑，你自己已将自己逼到了退无可退的地步了，如果你再沉沦、再放弃、再任性，那么你今后的路将越来越糟糕，越来越不如意。趁着一切还早，你的人生才开始，你自己也才开始有了审美观和价值观，暂时的困难，请你一定要挺过去，请你一定要克服，请你一定要调整自己。战胜自己，才能超越自己。当你想放弃的时候，在心里不断地呼喊：我要减肥，我要减肥，我要减肥；什么都难不倒我，我一定可以，我一定可以，我一定可以！美食滚蛋！懒惰滚蛋！肥胖滚蛋！我是精英不是懦夫，我要战胜自己！

“有志者，事竟成，破釜沉舟，百二秦关终属楚；苦心人天不负，卧薪尝胆，三千越甲可吞吴。”与笑笑共勉！

爱你的陈老师

2019年3月4日

二、教育效果

寄出信之后，我心情忐忑，我不知道自己的言语是否妥当，不知道自己的话语是否能打动孩子的内心，在焦急着、等待着。出乎意料的是，第二天傍晚，一个陌生电话打来了，接听电话的一刹那，我无比激动，因为电话那头是笑笑的声音。他简短地告诉我：“老师，我收到信了，谢谢，我会努力的。”在电话里，我东拉西扯地和他聊着天，不谈身体也不谈学习更不谈人生，我们就像朋友一样说说话，天上一脚地上一脚地说着。孩子放下了思想包袱，开心地在电话那头笑了。他的笑声，就是回报给老师最大的信任。之后，慢慢地，他打开了心扉；慢慢地，和同学有了交流；慢慢地，他会在体育课上找体育老师闲聊。一个曾经心灵闭塞的孩子，慢慢地将自己的内心世界向大家敞开了。

三、教育感悟

青春期的孩子特别关注同龄人的评价与看法。一个男孩子，学习很好，但是掰手腕掰不过别的男孩子，他可能觉得女孩子看不起他。相反地，一个成绩不是很好，但是篮球场、足球场上的阳光男孩，一定很自信，收获的是“迷妹”的尖叫和欢呼声。他们一般都很自信，也许他学业成绩并不优秀。而相反，在同伴中得不到认同的孩子，他的性格会比较孤僻、古怪、不合群。他很痛苦，极度自卑，认为自己一无是处，轻则不合群，重则会有自残行为。所以对于这样的孩子，家长和老师要特别关注。如何帮助他们，我想应是站在孩子的角度看问题并共情。

案例四：曾给学生们说过的那些话

终于等到你，紫堡新成员

——致新生欢迎词

我亲爱的同学们：

大家好！

从你踏入南校区的大门，进入各自的班级；从你踏上艺术楼的台阶，一步一步走入会场，一条条欢迎标语、一副醒目的对联，都是咱们初一年级老师们为欢迎你们的到来而精心设计的。同学们，欢迎你们，欢迎你们成为紫色城堡的新成员，欢迎你融入初一这个和谐奋进的大家庭。

同学们，进入紫色城堡，你们会发现：这里，不仅教学楼宽敞明亮，教育教学设施一应俱全；这里，不仅领导精诚团结，锐意改革；更重要的是，这里，有一群爱岗敬业、勤于钻研的老师。你们看看自己身边的每一位老师，他们都是我们紫色城堡里的精英骨干，有满腹经纶的李兴光老师，出口成章的陈静老师，才思敏捷的李琼瑶老师，智慧踏实的苏瑞雪老师，幽默风趣的王晓斌老师，率性爽朗的张楠楠老师，沉熟稳重的刘书怡老师，脚踏实地的林泽佳老师，如风下松的樊迎鑫老师，青春和善的张宁老师，人如其名、帅帅而有才气的郭帅老师，温暖包容的黄阳榕老师，求实求真的周莉老师……16位优秀的班主任，是我们南校区一笔珍贵的财富，而学校把这笔财富全部投入我们初一年级，同学们，你们是幸运的，让我们用最热烈的掌声感谢优秀的老师们！

紫色城堡，不仅为提高你的分数配备了优秀的师资，还为你提供了一个可以尽显才华的舞台，一个让你的梦想恣意飞翔的舞台。刚才舞蹈团曼妙的舞姿，合唱团悠扬的歌声，校园歌手的激情飞扬，同学们，你一定羡慕不已，你也一定想在聚光灯下闪耀自己。那么同学们，来吧，我们每年9月～11月体育节，可以让你在竞技场上尽情奔跑、挥汗如雨，成为最美的少年，让你的姓名和照片在英雄榜上闪耀；每年12月的艺术节，让你不再做人生的看客，而成为舞台上的主角，让所有人为你喝彩！每年4月的科技节，让你动手动脑，让你的各种奇思妙想得以展现。因此，咱们紫色城堡不仅是一所拥有一流办学条件和师资力量的现代化校园，也是教师实现自我人生价值的沃土，更是莘莘学子求学、成长、成才的理想摇篮。同学们，刚走进校园的你们，就像一捧萌动的谷种，就像一群振翅欲飞的小鸟，而紫色城堡，就是你们播种希望的肥沃土地，就是你们展翅高飞的广阔天空。

同学们，新学期的号角已经吹响，新起点、新征程，我们也有新的任务。进入中学，课程增多，学习任务加重。语文、数学、外语、历史、思品、地理、生物，初二增加物理，初三增加化学。从我们这一届开始，语文、数学、英语、历史、地理、生物、思品、体育都是中考科目内容，中考总分由过去的460分增加到了680分。到中学，没有了主科副科的说法，我们每一门课程都是中考科目，每一门课程都是主科，每一位老师都是主科老师。要想在三年后的中考中取胜，我们需要拒绝短板，拒绝偏科，要综合发展。那么如何才能做到？只有两个原则：一是树立目标，每一天扎扎实实；二是坚决服从老师的培养与教育。

小学阶段，你是什么样，我们没有参与，老师们都没有发言权；现在坐在会场的每一位同学，你的起点都是零，你在老师眼里，都是一张白纸；该如何书写这张白纸，该如何让这张白纸变得缤纷多彩，只能靠你自己的努力，靠你自己的刻苦，靠你自己的付出。如果你认为自己是优秀的，请你从此刻开始，付出行动，用你的行动来证明你是真的优秀；如果你小学不够优秀，也请你从此刻开始，付出行动，用你的行动证明，你的中学一定是优秀的。孩子们，过去，属于历史，与我们在场的老师都无关；我们需要看到的是你的现在和未来三年的历史，而这三年历史，由我们师生一起书写。所以，同学们，该如何书写自己崭新的历史？该如何记录自己的青春岁月？该如何才不负你美丽的青春时光？请你仔细思考！

同学们，新的环境，需要你去适应；新的面孔，需要你去熟悉；新的学习规律，需要你去掌握；新的生活方式，需要你去体验。新学年、新环境、新老师、新课程、新体验、新希望，全新的生活必定会给你带来全新的机遇与挑战。老师们愿意为你搭建一方成长和成才的舞台，希望你在这一方舞台上尽情地发挥你的聪明与才智，用汗水和心血浇灌出青春的花朵。我们有理由相信，你的成绩一定是辉煌的，未来一定是美好的。

同学们，紫色城堡，是一个承载着光荣和梦想的地方，是一个承载着家长和社会殷切期望的地方。你来到这里，这里就是你的家，我们相信有家的温暖，你一定会学习得愉快，生活得幸福。我坚信，三年的耕耘，你的聪明才智，一定会得到充分的展示；三年的奋斗，你一定会领略到青春的美丽，感悟人生的真谛；三年的磨炼，你将逐渐成熟，并为自己的初中生涯画上一个圆满的句号。祝愿你有一个新的开始，有一段刻骨铭心、无怨无悔的美好时光，祝愿大家每天开开心心上学，高高兴兴回家，祝愿你在2018级初一这个大集体中，温暖、快乐、幸福地成长。

谢谢大家！

2018年9月2日

在军训中成长

——初一军训会操发言稿

尊敬的教官们、敬爱的老师们、亲爱的同学们：

大家好！

为期一周的初一军训，圆满地完成了各项预定任务，今天胜利结束了。在此，我代表高级中学集团全体师生向育新学校的教官们表示衷心的感谢并致以崇高的敬意！向军训中取得优异成绩的班级和完成所有军训任务的全体同学表示热烈的祝贺！向一直陪伴着如父如母的老师们表示衷心的感谢！

刚才检阅了我们的军训连队，观看了我们军训连队的会操表演，大家口号响亮、队列整齐、动作规范、军姿威武，我被同学们的英姿飒爽所感动，当你们雄赳赳、气昂昂地走过主席台时，我热血沸腾，你们的青春与活力深深地感染了我。我看到了教官们的辛勤付出，看到了同学们的艰苦努力，感受到了同学们强大的集体荣誉感和拼搏精神，见证了咱们南校区初一学子的青春风采。我为你们骄傲、为你们自豪、为你们喝彩！

五天前送你们离开校园时，你们一脸的稚气；今天来迎接你们回校时，你们脸上多了一份坚强、多了一份勇敢、多了一些成熟；五天的军营生活，让你们成长不少！军训是一个成长的阶梯，是一段难忘的人生经历。本次军训中，涌现出许多的感人场景。

军训虽是艰苦的，但教官是可敬的，同学是可爱的，班主任是美丽的，辅导员是可亲的，一切都是美好的。齐步、正步、跑步，都是熟悉得不能再熟悉的动作。但是为了追求共同的目标，你们脚痛腿酸都顾不上，嗓子沙哑照喊不误，汗水浸湿了衣襟也不管——这就是军训，一个培养团队精神的训练。每一个步伐，每一个口号，团队精神让它们发出一个单一的声音——整齐。为了这个声音，每一位同学不断纠正步伐的错误。一遍、两遍、三遍，千万遍之后，你们整齐划一地走过了主席台，接受了所有教官和老师的检阅；你们赢得了全场的热烈掌声。此刻，你们收获的是喜悦，收获的是成功，收获的是精彩，收获的是成长，收获的是永远难忘的记忆。它将永远地记在每位同学人生中的扉页上。

同学们，你们的青春因为有了这一段军旅生活而变得激扬奋发，你们的青春因为有了汗水的洗礼而变得坚韧不拔，你们的青春犹如那军中绿花般贞洁美丽！

“不经历风雨，怎么见彩虹？”军训是一次精神的洗礼，也是一次意志的考验。同学们，尝试和毅力，让你们形成了一个坚不可摧的集体，有了这样的团队精神，今后无论发生什么，你们都将无往不胜。希望你们在今后的生活中，能将军训精神带回家，少份娇气，多份坚强；少份依赖，多份自强；少份怨天尤人，多份勇往直前。

最后，再次把最热烈的掌声送给敬爱的教官们、尊敬的老师们和亲爱的同学们！

2019年2月25日

读书为了什么

亲爱的初二年级全体孩子们：

大家好！

这里我想讲一段父子之间的对话，儿子刚上学不久就问父亲：“人为什么要读书？”父亲说：“一棵小树长一年的话，只能用来做篱笆，或当柴烧；而十年的树，可以做檩条；二十年的树用处就大了，可以做梁，可以做柱子，可以做家具。同样的道理，一个小孩子如果不上学，他7岁就可以放羊，长大了能放一大群羊，但他除了放羊，基本干不了别的。如果小学毕业，在农村他可以用一些新技术种地，在城市可以到建筑工地打工，做保安，也可以当个小商小贩，小学的知识够用了；如果初中毕业，他就可以学习一些机械的操作了；如果高中毕业，他就可以学习很多机械的修理了；如果大学毕业，他就可以设计高楼大厦、铁路桥梁了；如果他硕士博士毕业，他就可能发明创造出一些我们原来没有的东西。”儿子说：“知道了。”父亲问：“放羊、种地、当保安，好不好？”儿子说：“不好，丢人。”父亲说：“儿子，不丢人。他们不偷不抢，干活赚钱，养活自己的孩子和父母，一点也不丢人。”

这对父子的对话，告诉了我们，每个人对于这个社会都有一定的贡献，区别在于贡献的多与少，小树苗有小树苗的用处，参天大树有参天大树的贡献。每个人生活在这个社会上，都能为这个社会做出贡献，但贡献的大与小，很大程度上与知识有关、与能力有关、与见识有关。读书掌握知识，可以吸引你的智慧与心灵，激起你对世界和自己的深思，帮助你认识自己和思考未来；让你在知识中受到心灵的洗礼，学会做人的道理，体验生命的珍贵，感悟生活的丰富多彩，让你的心灵丰富，让你变得更加高尚。

我曾经是个泥腿子，农村长大，祖祖辈辈面朝黄土背朝天。农村的生活啊，实在是太苦了，割草、放牛、养鱼，经常一不小心抓到了躲在草丛里的蛇；每到双抢时节，37℃～40℃的高温下，割稻谷插秧，每到收割时节，稻叶将我的手臂割出一道道血痕，锋利的刀子将手指割破。至今我的左手小指仍然留下一道深深的疤痕；插秧时蚂蟥爬满腿上，吸你的血，真是受够了。我不想被土地束缚住手脚，我不想过着父母一样的生活，我要走出去，我要做个鲤鱼精跳出农门。

这是老师那个年代的读书。拼了命地读书是为了改变命运。那么今天的孩子们，你们读书为了什么？

你们衣食无忧。但是你们又生活在这个知识经济时代。知识的更新换代、竞争的残酷让你们压力山大；你们天不亮就出发，直到天黑才回家，真正披星戴月，周末也在培训班里学习，我们的书包越来越重，我们的作业越来越多，我们的考试越来越难。所以我们今天读书为了什么？就是将学习当作一种吃苦的锻炼，这同时也是一种快乐，成长的快乐、走向成熟的快乐；只有学习上的困难越多，才越能锻炼你坚韧不拔的毅力。

我们今天读书为了什么？有人说，是为了过上好日子。不对，什么才是好日子，是不是比邻居过得好就算是好日子？

想象这个圆圈代表了人类的所有知识。你初中毕业时，了解了其中一小部分；高中毕业时，了解了更多。拿到本科学位后，你有了自己的专业；硕士学位让你对自己的专业有了更深的钻研。继续阅读学术论文，你会逐渐抵达人类知识的边界。一旦抵达了边界，你便专注于此，你花几年的时间试图突破边界，终于有一天，你推动了它。这个凸出来的部分，让你获得了博士学位。当然，对你而言，这个世界看上去不一样了。但别忘了全局是这样的。这组生动的图画，告诉了我们：在知识的海洋里，我们每一个人都是非常渺小的，我们时刻都不要忘记了这个世界的辽阔和丰富，我们读书就是为了了解这个广袤无垠的世界，并改变它。

我们在座的很多孩子对于老师今天说的，不能苟同甚至会笑话，有同学甚至会问：打开光怪陆离的网络世界，我拍点暧昧出位的视频，写点浮夸焦虑的文字，发点惊世骇俗的言论，吸引或真或假的流量，就能赚到钱，何必要寒窗苦读10多年？！“我的梦想是当网红，不用辛苦还能出名！”

年少的孩子们，你们只看到一时红的都是网红，却没看到一直红的都是人才。在20世纪初，当时人均每月收入25块大洋，陈独秀，北大的教授，300块大洋；李大钊，北大图书馆主任，每月150块大洋，他们是那个年代靠知识获取财富的知识分子。今天学习历史，所有人都在学习他们为革命为中国舍生取义，他们革命不是为了自己，而是为了自己的信仰、为了中国的未来；×酱你们有部分人认识，她是网红，可是毛泽东人人都认识；鹿×少数人认识，但是马克思、牛顿人人都知道。这说明什么？当那些流量千万、百万的网红，因贩卖焦虑，兜售恐慌，丧失底线，相继消失在网络里，而那些踏实努力、不断学习、适时清醒的人，才一直行走在阳光下。所以孩子们，网红能流行一时，但是真正流芳百世的一定是真正的人才。

读书为了什么？读书与不读书，过的是不一样的人生。锻炼与不锻炼的人，隔一天看，没有任何区别；隔一个月看，差异甚微；但是隔五年、十年看，身体和精神状态就有了巨大的差别。读书也是一样的道理，读书与不读书的人，日积月累，终成天壤之别。不读书的人总是讽刺读书没有用，读书的人从不会嘲笑不读书的人。

不管你承不承认，读书和学习，一直都有功利的色彩。古人说，书中自有黄金屋，书中自有千钟粟，书中自有颜如玉。父辈说，当年为了进城、端上铁饭碗、吃上商品粮，所以头悬梁、锥刺股地读书。马云在“不吃苦，你要青春干吗”的演讲中这样说：“当你不去旅行，不去冒险，不去拼一份奖学金，不过没试过的生活，整天玩微信，刷着微博，逛着淘宝，玩着网游，干着我80岁都能做的事，你要青春干吗？”老师想对你们说，我们读书是将别人的思想变成块块石头，然后建造起自己的思想殿堂；我们读书就是为了将来你和你的爱人不只讨论柴米油盐酱醋茶，还可以讨论琴棋书画诗酒花；孩子们，你读过的书、经历过的事，等时间长了，那些细枝末节你都会忘记，剩下来的，就成了你的素质，你就成了一个有温度、有情趣、会思考的人。所以我们读书，是为了成就最好的自己，是为自己求得不一样的人生路。

7月23日，华为内部发文公布了8名顶尖学生的年薪方案，这8名人员全部为2019届应届顶尖学生，其年薪最低为89.6万元，最高为201万元。这8名博士中，有两位寒门出身，一位来自农村。在这读书无用论、阶级固化论等观念流行的社会，华为新员工用年薪告诉了我们：读书，是体现一个人价值的最佳途径。

就现实来说，我们读书为了什么？2019年深圳公办高中录取率不到45%，这就意味着55%的学生只能选择民办高中和职业高中，这是个什么数据？2019年8000万学生参加中考，意味着4400多万学生读不了公办高中。深圳的中考比高考都要难！上初中，你拼爹拼妈，你拼得来深圳高中名校的学位，两年后，你拼的是你自己。残酷的现实告诉了我们每一位孩子：除了努力就是努力。所以孩子们，你告诉我，你读书为了什么？

我们这一代人读书还有什么用？孩子们，你们有没有想过，

2049年我们就要实现伟大的中国梦了，那时你们40多岁，这就意味着我们实现中国梦的重担落在你们这代人身上。你们强大了，国家才能强大；你们富有了，国家才能富有；你们脊背挺直了，国家才能傲立群雄。古代的辉煌、近代的沧桑、现代的崛起，我们伟大的中华民族正从沧桑中走向崛起，我们伟大的民族正从崛起中走向强盛。孩子们，你所站立的地方，正是你的祖国，你怎样，国家就怎样；你是什么，国家便是什么；你有光明，中国便不黑暗；你有多优秀，国家就有多强大。作为实现中国梦的主人翁们，作为祖国未来的栋梁们，你们是强国一代，是国家与民族的未来，这是你们的使命，是你们每一个人的历史担当，那么请让我们一起重温梁启超的《少年中国说》。

谢谢孩子们，我们读书是为自己、为家庭、为民族、为国家。

2019年12月22日

案例五：用微笑善待、用期许呵护自我认知低的学生

全中国13亿人口，被确诊的抑郁症患者有1亿，医疗条件不够发达、社会家庭不够重视的二三线城市和偏远的农村、山村等还有许多潜在的抑郁症患者，就目前的数据，就意味着13个中国人中就有一位抑郁症患者。而心理学，也是最近几年才在中国被重视，社会心理辅导机构严重缺乏，目前许多的抑郁症患者仅仅停留在服药的阶段，但是药物只能解决他身体的痛苦，却解决不了情绪的问题，因而不能从根本上解决问题，所以抑郁症患者的数据只会越来越多。抑郁症患者的一个共同点：极度自卑、自我认知非常低。他们没有宣泄的途径，大部分靠自伤来宣泄自己的情绪。据了解，目前中学生中，自伤孩子的数量令人触目惊心，越是名校，自伤的比例越大。我以自己这两年所接触和了解到的自我认知低的孩子情况做一个分享。

自我认知低的孩子产生的主要缘由：①学业压力大。在目前的教育体制下，学生的学业负担越来越重、家长的压力越来越大，尤其是在深圳这样的一线城市，在中考普高录取率只有不到50%的情况下，出现了中考比高考还难的状况。学生出现了科目多、难度大

的问题。呈现出各个学校的作业量大、社会实践少的特点。学业压力，就像一座大山一样，压在了12～15岁的孩子身上。②家长评价低。因为学业压力大，许多家长更多关注的是孩子的成绩，对于孩子其他方面的品质常常忽略。当孩子的成绩下降或者孩子的成绩一直没有起色的时候，家长常常给予孩子的评价是相当低的，他们总是以成人的要求来要求孩子，他们期望自己家的孩子能成为别人家的孩子，但是家长们没有客观地认识到的问题是，自己家的孩子都是不完美的，完美的都是别人家的孩子，因为自己经历的是过程，别人看到的是结果或者表象。在父母长期评价低的体系下，孩子自然而然否定自我、自暴自弃，从而形成自我认知低的状态。③学校评价低。在目前的教育体制下，社会、学校、老师更多关注精英教育和末端教育。成绩好的学生，在学校从来不缺乏机会、舞台，从来不缺乏肯定与表扬，他们大部分阳光开朗，因为他们一直被细心地呵护着。而处在末端教育中的学生们，他们是路边的小草，是坐在台下鼓掌的人，他们衬托出精英学生的优秀。他们可能因为多方面的原因，不能胜任目前的学业，所以他们成绩差，每一次成绩出来，他们都是垫底的。长此以往，他们会给自己贴上一个“笨”的标签，他们不敢表现自己，看着别人的热闹，鼓着自己的掌；放低了自己，成就着别人。

小雯就是这样一个自我认知低的孩子。一天晚上在家写作业，妈妈看到小雯一直在看iPad，迟迟不去写作业，妈妈急了，狠狠地骂了孩子一通，孩子情绪不好，但也在忍耐。后来小雯去写作业了。妈妈看到小雯在写作业，便放心地出去跳广场舞了。等到妈妈跳完广场舞，正好出差的爸爸也一起进了家门。爸爸一进家门，就看到孩子在玩iPad，怒不可遏，将孩子批得一无是处。孩子和父母发生了激烈的争吵后，反锁了房门，一边寻求着帮助，找到好朋友，一边用小刀割自己的手臂，一刀一刀……直到自己彻底释放，才放下手中的小刀。在这件事情中，父母给予孩子的评价过低，导致孩子情绪激动，这是我们许多父母常常犯的错误。可是父母们没有换位思考一下，每个人都有压力，每个人的情绪都需要宣泄。成人的世界，宣泄的方式各种各样，可以尽情地玩手机、刷剧、追星，转移自己的注意力；可以找朋友大吃一顿，用美食疗愈自己；可以找朋友煲个电话，将自己的不爽一吐为快；可以三五好友约着唱歌，在美好的音乐中释放自己；去旅游、去运动、去健身，让自己大汗淋漓，排泄心中的不快。成人世界的宣泄方式有许多，而孩子们的宣泄方式却少得可怜。他们每天面临的不是语数英物化，就是政史地，他们面对着的是作业、学习、学习、作业，哪怕周末，他们的时间也被各种培训班挤占得满满的。当他们情绪不好的时候，男生可以去打场篮球、踢场足球，而女生能做的却更少，所以许多青春期的女生就靠自伤来宣泄自己。

小雯自伤不是一次两次，随着她的情绪越来越不好，她自伤的频率也越来越高。曾经有两次，她还准备自杀。有一次她在决定自杀前告知了同学，同学立即联系了家长，才幸免一难。不久之后，小雯在自己的作文中流露出悲观厌世的情绪，老师发现及时，和班主任联系沟通，班主任立即与家长联系，才了解到孩子的情况。不久的清明节放假前夕，班主任老师收到了小雯的四封绝命信，每个字都透着对世界的厌弃、对生活的失望、对人生的绝望、对自我的否定。学校、年级、老师迅速介入，家校合作一起帮助孩子，才让小雯的情绪好一些。

小兰也是这样一个孩子。有一天我意外收到小兰妈妈的微信，在微信里，小兰妈妈讲述了孩子的自伤，手臂上伤痕累累，触目惊心。这是一个让人心疼的女生，在学校，因为作业的事情，被某个老师不信任地批评否定，在同学交往中，被同学孤立，她觉得自己生无可恋，觉得自己活在世界上是一种多余，是一种浪费资源的存在。于是她只能用一次又一次的自伤来表达自己的情绪。我找到了小兰，没有透露任何她自伤、情绪的问题；没有给予她任何“鸡汤”，而是直白地说出她被孤立的难过与痛苦，那一刻，小兰的眼泪唰地就流下来了。她激动地抱着我，泣不成声：“陈老师，谢谢你理解我，一直以来，别人都认为是我无理取闹，是我挑拨离间，只有你看到了我的委屈，我的不满，我的不易。”我毫不犹豫地告诉她，你在我心目中一直是一个阳光、大气的孩子。为了帮助小兰能够重新建立对生活的希望，我每次上课会提前到班级，站在讲台上，等待着同学们进教室。当看到小兰进来时，我用真诚的微笑迎接着她的到来，并友善地朝她点点头。孩子看到我，也报以真诚的微笑，并点头和我打招呼。在课堂上，我会时常用关注、肯定的眼神鼓励她，和她进行无声的交流，每一次，小兰都能接收到我赞许、欣赏的眼神，能感觉到她接到这样的信息是无比的欢乐，她的眼眸是清澈的、坐姿是笔直的，她受到了正能量的鼓舞与激励，她上课专心认真。

和小兰的微笑交流多了，我已经取得了小兰的信任，我需要进一步采取措施来激励她。上课的时候，我面对全班同学，说“认真的孩子是最美的，我希望我课堂中的每一个孩子都是帅气的、美丽的”。这句话抛出来之后，对学生的影响力极大，每一个少男少女都想成为最帅、最美的那一个。当做课堂作业的时候，我对全班经常不听课不交作业的一位男生说“我认为今天最帅的是小东同学，他认真写作业的样子是最帅的”。后来不久的课堂上，我又在全班同学面前表扬“今天这节课，在我心目中，最美的是小兰同学。她背脊笔直、眼光清澈、认真做笔记的样子是最美的”。经我一句话表扬过的男生，以后再也没有出现过不带历史书、不交历史作业、上课讲话的现象，后来我又表扬他："小东同学因为前两年没有好好努力，但初中这点知识，不多，照着小东目前的状况，他也许是我们班上未来的一匹黑马，你们拭目以待！"

有一次历史听写，小兰背诵不太好，交来的听写纸有一部分是空白的。她交给我时很抱歉地说："陈老师，对不起，我没有背好。"当时我避开了这个话题，我说："我看到了你在努力，我更看到了你的诚实，将不会的地方坦诚地告诉老师，就这一点，你在我心里，已经是100分了。"小兰很开心，那天放学后没有得满分的需要留下来补考，她不但参加了补考，还自觉地将听写纸自发地抄写了一遍，她说："老师，我抄一遍会记得更牢！"我轻描淡写地说了一句："优秀的孩子，总是对自己有要求。"还有一次课堂上，她交作业到讲台来时，我不经意地说："我就喜欢看你现在阳光开朗的样子！"自那之后，我看到的小兰，满脸都是微笑，她常常会守在我下班的电梯口，每次都能看到她微笑着和我说再见。她回到家，告诉妈妈："我太爱陈老师了！"在教学问卷调查时，她毫不避讳地在问卷中写道："陈老师，是我的最爱！"

我的每一个微笑、每一次表扬都带着对小兰的期许。我期望着她常常脸上挂着微笑，我期待她做一个目光清澈自信的女孩，我期待她做一个阳光快乐的女生，我期待她对自己的学业有所要求。于是，我将我所有的期许，变成了赞美。这样的赞美，对于一个自我认知极低的孩子来说，是一束温暖她脆弱心理的光，一盏可以照亮她生命的灯。老师的一句话，看起来不经意，但却是老师经过深思熟虑之后，在平常的场合、以着意的方式说出来，一方面可以让敏感的孩子放下防备，另一方面可以让自我认知低的孩子获得意外的幸福。这样就可以让她的幸福感持续很长时间。如果我们老师能经常给予这些自我认知低的孩子不经意的期许，孩子的情绪就会得到疏导，孩子的情绪就能落地，孩子的自我认知就在他可尊可敬的老师面前得以提高。

所以老师们，我们的教育是温润的，它不应该只发生在精英教育中，它更应该发生在末端教育的孩子身上，我们每一个老师如果都能用微笑善待、用期许呵护自我认知低的孩子，你挽救的将是一颗心灵，是一个生命；挽救的是一个家庭。这比你向社会输送一个北大清华生更有意义。

有一只小燕子，它生来就比别的燕子小，燕子妈妈担心它往南迁徙的时候会经受不住路途的颠簸，所以呢，就希望它留在北方过冬，可是燕子爸爸却认为，如果小燕子不往南方飞的话，那么它长大之后就不可能独立生活，所以坚持要往南方飞。一路上它告诉小燕子："你行的，你一定行的!"小燕子在爸爸的鼓励下，坚持着，坚持着，就连最困难的时候都坚持住了。一个月后，它们来到了南方。

小燕子的故事让我很受启发。激励法，是心理老师常用的方法。我们会发现，很多学生不愿意向父母倾诉，不愿意和朋友分享的，却愿意和心理老师和盘托出。为什么教育中有的老师怎么都走不进学生的心里，而有的老师三言两语之后就可以获得学生的信任？其实主要原因就在于沟通的技巧。对学生特别是自我认知低的学生来说，最可怕的痛苦是自卑感，自卑感使一个学生怀疑自己的能力，丧失学习的信心和勇气，甚至自暴自弃。它严重影响学生的心理健康发展，因此必须给学生以自信心。对每一位孩子抱着积极、热切的希望，从多个角度来评价他们，寻找他们的闪光点，发现并发展他们的潜能，充分肯定和欣赏他们，树立学生的自尊和自信。有一句话说得好:"要用放大镜看学生的优点，用望远镜看学生的缺点。"这句话说起来容易，做起来难。关键要看老师从哪个角度看待学生，怎样与学生相处。只有与学生心灵相通，才能容易发现他们的闪光点。而善于沟通的智慧型老师，能给予学生正确的肯定与激励。比如，一个学生成绩并不好，但是在他能力范围内，他完成了作业，虽然错误率很高，但这是他尽力在完成的一件事情，大部分老师给予这个学生的是批评，学生的作业本上永远是D，孩子哪里来的自信？学生何以在老师面前高谈阔论？长此以往，学生永远地沉默下来，慢慢地远离老师，远离班级，慢慢地变得自我认知相当低。聪明的老师怎样做？他会在学生的作业本上写上一句："我知道你尽力了，咱们慢慢来。""今天比昨天的作业写得工整了，这是好的开端。""我喜欢永不言弃的你，加油！""今天的作业不是很理想，你是有心事吗？"每一份作业，都是与学生的一次心灵沟通，每一次批改，都是对学生的一次激励。试想，如果老师们能对自我认知低的孩子这样去做的话，还会有放弃你所教学科的学生吗？课堂上，面对容易走神的学生，大部分老师的做法是大声提醒。智慧的老师是这样做的，她会悄悄地走到开小差的学生面前，悄悄地问："感觉你有心事，下课可以和我说说吗？""你身体不舒服吗？需要我帮助吗？"如果经常容易走神的学生，他在认真听课，不管真认真还是假装认真，智慧的老师会找机会在全班面前表扬，某某的眼神是清澈专注的，我喜欢看到这样的眼神。课后会找学生单独聊天，上课专注的你是最美丽的，因为你的眼神是最有神的。当学生成绩不好，情绪低落时，智慧的老师会善于捕捉并及时沟通，"你的试卷并没有空着，我看到每一题你都写了，看得出课后你花了很多时间，可能因为错一两个字被扣分，真的挺冤枉的。""虽然你的卷面分数只有50分，但是在老师心目中，你的态度已经有了80分。"

自我认知低的学生之所以自我认知低，是因为长期得不到表扬和肯定。如果老师们能够这样去做，我们是否就可以帮助到那些挣扎在情绪低落中的学生们呢？

生活中，学生犹如一棵成长的小树，需要阳光的沐浴。在学生心里，老师的欣赏和赞美就像阳光一样，是学生成长离不开的。有了阳光的沐浴，小树才会长得更快、更健康。罗曼·罗兰曾说："要散布阳光到别人心里，先得自己心里有阳光。"因此教育中还有一种低成本高回报的教育方式：微笑。微笑，像一束阳光，温暖着我们的心；微笑，像一双手，把我们从黑暗里拉出来；微笑是一条小溪，身段是多么柔美，声音是多么清脆悦耳……生活中，微笑的力量处处可见：在商店里，服务员微笑着向你推荐一件物品，就是放在家里没用，你也会买一个回家的。而微笑在学生的眼中就犹如阳光一样，它能融化你和学生之间的隔阂，它能缩短你和学生之间的距离，它能让你轻易打开学生的心扉。微笑，一种不着痕迹的表扬，能给人带来亲切感。老师灿烂真诚的笑容，能赢得学生的爱戴，会给学生心里留下持久的影响。当你想激发学生斗志时，当你想与学生进行情感交流时，不妨轻轻一展笑容，会胜过千言万语。因此，作为教师，在面对学生时，教育学生时千万不要吝啬你的微笑，用你的微笑去感染学生，用微笑达到育人的目的。这就是让你发现学生闪光点的方法。

自我认知低的学生是痛苦、煎熬、挣扎的。作为老师，我们也许不能从根本上解决他们的痛苦，帮助他们走出困境，但是请用爱来呵护，用你的微笑善待他们，悦纳他们所有的缺点，善于发现他们的闪光点，给予激励、给予期许、给予希望，帮助他们发现自己身上的优秀品质，呵护他们成长。当你期待学生成为什么样的学生时，请将你的期许转换成赞美与欣赏，这样学生就会朝着我们想引领的方向发展。